お助けガイド

GUIDE

新時代
対応！ もしものための
安心ノート

Gakken

もくじ

> この『お助けガイド』は、『書き込みノート』を書くときのサポートとなるものです。終活にまつわる情報、制度や用語の解説を掲載しています。

この本の特徴と使い方のコツ

知りたいことが すぐ引ける

●本書『お助けガイド』には、『書き込みノート』を記入するうえで知っておくといい情報、書くときのポイントなどを解説しています。

●本書のテーマではその性格上、法律や制度の用語がたくさん登場します。『お助けガイド』では、それらの用語や制度をかみくだいて説明しています。時間のあるときに読み進めたり、ノートを書きながら引いたり、いろいろに役立ててください。ノートの対応ページを記してあります。

NOTE 10〜11ページ

●欄が足りなくなりそうなページはあらかじめコピーをとり、記入したら該当ページに貼付しておきましょう。

●取りかかるページを決めたら、最初に「記入日」を書きましょう。後日内容を書き換えたら、日付も修正します。

まっさらのメモ帳も 1冊用意する

金融口座の暗証番号や、パソコン・スマホのパスワードなど、重要情報だけを記す専用のメモ帳を作りましょう。第三者の目から隠したい情報を本書とは別のものに書くことで、安全性が高まります。また、暗証番号やパスワードは「メモ」というアナログな手法で残すのが、最終的に最も確実です。

●『書き込みノート』のp.6-8以外はどこから取り組んでもかまいません。あなたの気持ちが向かいやすい項目から始めるといいでしょう。

●ノートの中身は何度書き換えてかまいません。悩みながら書いたり、書いたもののまた悩んだりは、このテーマのノートなら当たり前のことです。気軽に書き換えられるよう、筆記用具は鉛筆や消せるボールペンをおすすめします。

専用の引き出しを 用意する

『書き込みノート』を書き始めると、通帳や契約書など、ひっくり返して確認しないといけない書類が数多く出てきます。ノートを付け始めるにあたり、引き出しを1つ空にして専用スペースにあててみませんか? ノートの保管場所、書類の保管場所としても重宝します。専用の収納箱でもかまいません。

●チェック欄は、必ずしも選択を1つに絞らなくてかまいません。迷っているときは、気持ちのままに複数の印を付けましょう。

●本書は大切に保管しましょう。ただし、最終的に家族に見てもらえなければ意味がありません。ノートの存在と保管場所のヒントを家族に話しておきましょう。

part

1

「もしも」に備える

─介護や逝き方について─

最期は誰にでも等しく訪れます。

正面から死と向き合いながら

時を過ごさなければならないこともあれば、

突然にその時がやってくることもあります。

元気なうちに少しずつ

介護のことや看取られ方のことを考えてみましょう。

もしものときのために 緊急医療情報▶▶▶ キットを作る

出かけた先で倒れたり、家でひとりで倒れているところを発見されたりした場合、すぐに家族に電話が入るとは限りません。身元や連絡先がわからないまま、病院に緊急搬送されることは多いものです。

そんなとき役に立つのが「緊急医療情報キット」です。救急隊や搬送先の病院であなたのことや体の状態がすぐに把握できるので、処置がスムーズに行えます。ぜひ作って、見つけやすいところに保管しましょう。

① 『書き込みノート』に緊急連絡先や健康状態を記入

診察券やお薬手帳などを参考にしながら、ノート編のP.6-8に情報を書き入れます。

P.7 あなたの 健康状態

治療中の病気の情報は、適切な救急処置をほどこすために欠かせません。できるだけ具体的に記入しましょう。また、医療スタッフがあなたについて問い合わせができるよう、かかりつけの病院や診療所も忘れずに書き入れます。

歯科にかかっているなら、それも記入します。

P.6 あなたの 基本情報

勤務先や所属団体を記入する欄は、ゆるやかに考えてかまいません。家族の勤務先や常設の趣味サークルなど、家族以外で連絡をとりやすい場があれば書きましょう。

P.8 あなたの 服薬情報

救急処置を行う際に、薬同士の悪い相互作用を未然に防ぐために記入します。薬の種類だけでなく、薬の名前も必ず書きましょう。お薬手帳のコピーを貼ってもかまいません。

アレルギー情報も重要です。とくに薬物過敏症や薬物へのアレルギーがわかっている場合は、必ず書くようにしてください。

② ノートを2部コピーする

記入を終えたP.6-8を2部コピーします。コンビニのコピー機などを利用する際は、原稿の置き忘れに気をつけましょう。個人情報のかたまりです。

③ 外出時に必ず持ち歩く

コピーのもう1部は携行用です。折りたたんで封筒に入れるなどして、常に持ち歩くようにしましょう。

コピー
4つ折り

封筒

私が倒れたら
見てください

封筒（表）

見てもらえるように、表に大書きを。

③ 冷蔵庫の扉に貼りつける

コピー1部をクリアファイルなどにはさみ、冷蔵庫の扉にマグネットなどで目立つように貼りつけます。

穴をあけてヒモを通し、吊り下げる形にしてもいいでしょう。

緊急時に
見てください

救急隊員の方、医療機関の方へ
記名本人が提供する「緊急医療情報」が
入っています。

本書2冊をまとめてくるんでいる表紙は取り外すことができます。取り外したら、裏表紙をキリトリ線で切り離し、クリアファイルにいっしょに封入しましょう。救急隊への目印になると同時に、日頃は個人情報を人目に触れにくくするのに役立ちます。

介護について考える❶

NOTE
10〜11
ページ

介護が必要になったら

介護を受けるようになるきっかけは人それぞれですが、「転倒して骨折した」「脳卒中で倒れ、体が不自由になった」「認知症の症状が出始めた」などが、その多くを占めています。

介護保険料を納めているだけでは、介護を受ける資格をもっているに過ぎず、そのままではサービスは受けられません。行政から介護が必要であるという認定＝「要介護認定」を受けて初めて、介護サービスを受けることができるようになります。まず、自治体の役所か近くの地域包括支援センターに連絡し申請手続きをしましょう。すると、下記のようなプロセスを経て、介護が必要な度合い＝「要介護度」が認定され、介護サービスを利用する準備が整います。

介護の費用は、利用者の自己負担分と国民が納める介護保険料とでまかなわれ、基本的に利用者の自己負担割合は1割です。ただし、現役並みの所得がある人は2割・3割負担というケースもあります。

介護のカギとなる人を決める

介護サービスには自宅で受けるもの、施設で

介護サービスを受けるには
ー要介護認定までの流れー

本人または家族

↓ 申請書の提出

役所の介護保険担当窓口・地域包括支援センター

↓

訪問調査（聞き取り調査） ＋ **主治医の意見書**

> 配偶者や子の立ち会いをおすすめします。不安に思う動作や日常の様子を客観的に語ってもらえます。

一次判定
（コンピュータ判定）

二次判定
（介護認定審査会による判定）

心身の状態や日常生活でできること・できないこと、住まいの環境などに関して聞き取り調査があります。

結果通知

要介護5・4・3・2・1
介護保険サービスの
利用開始

要支援2・1
介護予防サービスの
利用開始

非該当
自立した暮らしを
送れる人と認定

**認定結果には
有効期間がある**
最初は6か月、更新の場合は基本的に12か月です。ちなみに介護認定は自動更新ではありません。更新時期のたびに訪問調査と要介護度の再判定があります。

受けるものなどさまざまな種類があり、あなたに必要なサービスをケアマネジャーがプランニングし、それに従って提供されます。

実際に介護を受ける段になるとキーパーソンの指名を求められるので、家族や親族の中で連絡のとりやすい人、意見をまとめるのがうまい人にお願いしましょう。

キーパーソンは、あなたに意見を求めることができないときに介護側が頼る人で、いわば船頭。あまり人数が多いと「船頭多くして船山に上る」状態になってしまうので、2～3人までに絞ることが肝心です。

地域の頼れる相談窓口 地域包括支援センター

原則、1つの市区町村に1か所以上あり、介護・福祉・健康・医療の面から総合的に高齢者やその家族を支える目的で組織されています。高齢者のさまざまな相談にのったり、要介護認定の申請手続きをサポートしたりします。

また、介護予防のためのサービスも提供しています。「要介護」ではなかったけれど「要支援」の認定を受けた、という人はぜひ連絡を。グループワークや趣味活動を通じて介護予防に努め、生き生き余生を目指しましょう。

どこで介護を受ける? 介護サービス3つのタイプ

どこで・どんなサービスを受けたいかによって、3つのタイプから選びます。必要に応じて組み合わせることも可能です。

通所サービス

定期的に施設に通い、食事や入浴のケアを受けたり、リハビリやレクリエーション、趣味活動などを行ったりします。外出機会を作り人と関わり合うことで、心身の機能の活性化をはかります。

● **デイサービス(通所介護)**
● **デイケア(通所リハビリテーション)**

施設サービス

施設に滞在したり、入所したりして介護を受けます。常時のケアや見守りが可能になるほか、その間家族が介護の手を休められるというメリットもあります。

● **ショートステイ(短期入所生活介護)**
● **医療型ショートステイ(短期入所療養介護)**
● **特別養護老人ホーム**
● **グループホーム**
● **介護付き有料老人ホーム** など

介護サービスは 「ケアプラン」に基づいて

あなたが受ける介護サービスはどのようにして決まるのでしょうか? サービスの種類・組み合わせや頻度を立案するのが、ケアマネジャーです。正式には「介護支援専門員」といいます。あなたの希望や心身の状態、住まいの環境などを総合的に判断し、**介護サービス計画(ケアプラン)** を作り、サービス事業者の手配も代行します。

ケアマネジャーが親身になってくれない、相性が合わないなどがあれば、別の人に替えることもできます。

在宅(訪問)サービス

事業者が自宅を訪問してサービスを提供します。住み慣れた家、いつもの環境のまま、介護を受けることができます。

● **ホームヘルパーによる訪問介護**
(身体の世話、家事の援助など)
● **看護師による訪問看護**
(健康管理や医療処置など)
● **訪問入浴**
● **訪問リハビリテーション** など

終の住処はどこに?

本書を手に取った人であれば、恐らく一度は終の住処について思いを巡らせたことがあるのではないでしょうか。「介護が必要な状態になっても、できるだけ住み慣れた自宅で過ごしたい」なのか、あるいは「家を売り払って、老人ホームで第2の人生をエンジョイしたい」なのか、さまざまな思いがあることでしょう。

高齢者向けに造られた住まいや施設はたくさんありますが、大切なポイントがあります。それは「いつ」移り住むかということです。

大きく分けると、①介護サービスを伴わない施設と、②介護が前提の施設の2種類があり、①は健康なうち、あるいは介護が軽度なうちにしか移り住むことができません。健康状態によって入れる施設が異なるということです。

中には退去が必要な施設も

①のタイプは、おおむね高齢者が暮らしを楽しめる造りになっていて、フィットネスクラブやカラオケルームなどの余暇・娯楽設備が充実しているところほど、費用は高額です。夫婦での入居が可能など、施設により独自の特色も打ち

「どこで」老後を生きますか?
高齢者のための施設・住居の種類

		自立	要支援	要介護（軽度）	要介護（重度）	認知症
民間施設	サ高住	○	◎	◎	○	△
	住宅型有料老人ホーム	△	◎	○	○	△
	介護付き有料老人ホーム	△	△	○	◎	◎
	グループホーム	×	△	○	○	○
公的施設	特養	×	×	×	◎	○
	老健	×	×	○	○	○

◎対応が充実　○受け入れ可　△施設により受け入れ可　×受け入れ不可

※おおよその傾向を表したもので、施設により受け入れ態勢は異なる。
※シニア向け分譲マンションは所有権タイプにつき省略。

> 健康なうち、介護が軽度なうちに入る。介護が必要になったら、介護サービスを別途頼む

① 介護を伴わない施設・住居

■サービス付き高齢者向け住宅（サ高住）

バリアフリーの賃貸住宅。紛らわしいですが、名称の「サービス付き」は介護サービスの意味ではありません。見守りや安否確認の類に止まります。外出なども自由で制約は少なく、自宅に近い感覚で暮らせます。

■シニア向け分譲マンション

バリアフリーの分譲住宅。いわゆる「所有権」を買うタイプで、売却や家族への相続も自由です。一軒家タイプはシルバーハウジング等と呼ばれます。

■住宅型有料老人ホーム

食事や洗濯などの生活支援サービスや健康管理サービスなどを受けながら暮らします。入居一時金で買えるのは多くの場合「利用権」だけで、売却や相続などはできません。

② 介護を伴う施設

> 基本的に介護ありきの施設。入りどきを選べるのは有料老人ホームだけ

■介護付き有料老人ホーム

自治体の認可を受けた民間の介護施設です。初期費用、月額費用ともに施設により大きく異なり、施設の充実度合いも千差万別です。介護保険サービスの利用料は月額費用に含まれています。

■グループホーム

認知症状のある人向けに特化した施設です。日常のケアや機能訓練などを受けながら、料理や掃除など、できる家事を分担しながら共同生活を送ります。比較的安価です。

■特別養護老人ホーム（特養）

入所基準は要介護度3以上と、介護が必要な度合いの高い高齢者のための施設です。公的な施設で利用料が安めなことから人気が高く、都市部では入るまでに順番待ちであることが多くなります。

■介護老人保健施設（老健）

病院と自宅の中間的な位置づけの施設で、退院後すぐの在宅生活が難しい要介護高齢者が対象です。原則として在宅復帰を目指し、入所できる期間に限度があります。

出しています。

　ただし、もし介護が必要な状態になったときは、別途、介護サービスを頼む必要があります。最も気をつけないとならないのは、施設によっては介護の状態が重く（悪く）なると、退去を求められる可能性がある点です。系列の介護付き施設に転居を強いられる場合もあります。選択を誤ると、その後の人生設計が狂ってしまうので、大いに気をつけましょう。

　①のタイプを考えているときは、退去条件や「自分がどんな状態になったときまでいられるのか」を必ず調べるようにしてください。また、

たいていは入居一時金（初期費用）と月額利用料からなっていますが、退去時に入居一時金がどの程度返還されるのかも、施設選びの大事なポイントです。

　②の介護が前提のタイプは、食事や入浴、排せつなどの介助を日常的に行いながら、リハビリや機能訓練レクリエーションなどを包括的に提供する施設です。民営の介護付き有料老人ホーム以外は、残念ながら、好きなときに入れるわけではありません。費用が安めで人気が高いことと、ある程度の要介護度が受け入れ条件になっているためです。

こんなことに思い当たったら認知症……？

ほかの病気と同じで、認知症も早期発見がいちばん。早く見つけて早く手を打つことで、その後が大きく変わります。下の一覧は、認知症の家族の会が自らの体験をもとに作った、初期症状のチェックリストです。不安があれば認知症外来などにかかってみましょう。

もの忘れについて

- ☐ 今切ったばかりの電話の相手の名前が出てこない
- ☐ しまい忘れ・置き忘れが増えて、いつも探しものをしている
- ☐ あるはずのものがないことが多く、盗まれたのではと思う
- ☐ 「それはさっきも聞いた」と人からよく言われる

場所や時間について

- ☐ 約束の日時や場所を間違えることが増えた
- ☐ 慣れた道のはずなのに迷うことがある

判断力や理解力について

- ☐ 料理や運転、計算などでミスが多くなった
- ☐ 新しいことが覚えられない
- ☐ テレビ番組の内容が頭に入ってこない

自分の性格について

- ☐ いろいろなことに腹が立つようになった
- ☐ まわりのミスが自分のせいにされて悔しい
- ☐ 「頑固になった」と人から言われる
- ☐ ひとりになると、なんとなく不安だ
- ☐ 忘れものがないか、いつもすごく心配になる

意欲について

- ☐ 身だしなみを整えるのがおっくうだ
- ☐ 面倒くさくて、やる気が起きない
- ☐ 趣味や、以前好きだったことに興味がもてない

参考文献：エーザイ『e-65.net（イーローゴ・ネット）』

お金が管理できなくなったら

認知症になると資産は凍結

　毎日のように報道される、高齢者をねらった振り込め詐欺や悪徳商法、心配ですよね。

　2016年の厚生労働省の発表によると、日本における平均寿命（男性80.21歳、女性86.61歳）から健康寿命（男性71.19歳、女性74.21歳）を引いた年数は約10年。これは、言い換えれば介護や病気など、健康に何らかの問題をかかえた（場合によっては寝たきり）期間ということになります。

　また、2025年には認知症の人が700万人にまで増え、高齢者の5人に1人が認知症という時代が到来するとも見られています。

　高齢になるとお金の管理がおぼつかなくなっ

たり、詐欺にあったりすることもこわいですが、別の心配もあります。認知症になって判断力が失われたと見なされると、銀行口座を解約したり、自宅を売却したりするような行為が一切許されなくなり、事実上、財産が塩漬けになるという問題があるのです。あなたの考えや判断を確認する術がない以上、家族が代理で手続きすることすらNG。さまざまな面で支障が出てきます。

不安を感じ始めたら、早めに

　こうした憂いに備える手立てはいくつかあります。まず1つめは「任意後見契約」。あなたに後見人をつけ、その後見人が金銭・財産を管理するシステムです。元気なうちに信頼できる人を後見人に「事前予約」しておき、実際の後見は認

お金の管理が不安になったら考えたい、2つの支援

① 任意後見契約

　あなたが選んだ後見人と事前契約を結び、認知症になったら、いろいろな手続きの代行や金銭の管理をしてもらう制度です。後見人は家族や親族、友人などに頼むのが一般的ですが、専門職後見人（弁護士、司法書士や行政書士など）にお願いしてもかまいません。ただし、認知症になってひとたび後見がスタートすると、専門職後見人には月2万円程度の報酬をずっと払い続ける必要があります（親族や友人は契約次第）。

　また、「後見監督人」を立てることも義務づけられていて、こちらも財産額に応じて報酬が発生します。

後見人にできること
- ●入退院や介護サービスの手続きや支払い
- ●要介護認定のための手続き
- ●年金の受け取り、税金や公共料金の支払い
- ●預貯金の出し入れや振り込み
- ●不動産の管理や処分　など

② 日常生活自立支援事業

　社会福祉協議会が提供する福祉サービスで、「お金を下ろしたいけれど、できるか不安」「商品勧誘をどう撃退していいかわからない」といった、暮らしの中の困りごとを手伝ってもらえます。支援は有料ですが、1回1200円程度と安価で、対応もきめ細かやかです。判断能力に自信がなくなってきた高齢者をはじめ、知的障がいや精神障がいのある人も利用できます。

- ●預貯金の出し入れや振り込み
- ●入退院や介護サービスの手続きや支払い
- ●生活相談や商品購入時のアドバイス
- ●契約のクーリングオフの手続きサポート
- ●通帳や印鑑・証書などの預かりサービス　など

※社会福祉協議会は公共性・公益性の高い非営利民間団体。全国の市区町村にあり、地域福祉の推進のための事業や活動を行っている。

※近年よく話題に上る「法定後見」は、認知症になり財産が凍結されて、さて困った！　という段になってから結ぶもの。任意後見とは似て非なる制度。

知症になってからスタートします。

　ただ、この後見契約、国が定めた公明正大な システムである代わりに、やや四角四面なところ があり、家族からはあまり使い勝手がよくない という声も上がっています。

　もう1つのサービスである「日常生活自立支 援事業」をまず使ってみて、それではサポートが 十分でないと感じたら任意後見契約に切り替え る、という順番がおすすめです。日常生活自立支 援事業は半官半民に近い福祉サービスで、お金 の管理が不安になってきたら、認知症と診断を 受けていなくても利用できます。

　見守ってくれる同居の家族がいない場合、ひ とり身の場合は、早めの導入を考えてみてくださ い。

任意後見契約を始めるには

❶ 支援してほしい内容を決める

判断能力が衰えた場合に、後見人にどんなことを手 伝ってもらいたいのかを考えます。

❷ 支援してくれる人（後見人）を決める

一度契約を結ぶと長い付き合い（本人が亡くなるま で）になるので、後見人選びは慎重に。相手の性格や 年齢、また、使い込みの恐れがない相手かなどもしっ かり考えましょう。

❸ 公証役場で契約を結ぶ

❶の支援内容を明記した公正証書を作成します。公証 人は法務局に契約を登記します。

❹ 時期が来たら任意後見がスタート

認知症になったら、本人や後見人、家族などが家庭裁 判所に申し立てを行います。家裁が「任意後見監督 人」を選任したら、任意後見がスタート。監督人は、 後見人がきちんと役割を果たしているかを定期的に チェックする役割です。

セットでつける？オプション契約（任意代理契約）

　任意後見の足りない点をカバーする類の契約です。 ただし、すべてをつけることをすすめるものではなく、 契約を結ぶなら合意内容を**公正証書**に作成しましょ う。お願いする相手を**任意後見人と同じ人**にしておく と、いろいろスムーズです（相手が事情を把握してい る、報酬を包括的に設定できるなど）。

見守り契約

契約の受任者が、定期的に面談や電話連絡などをし、あなた の健康状態や判断能力を確認します。任意後見をスタートさ せる時期を見定めるのが主目的です。

財産管理等委任契約（生前事務委任契約）

任意後見は判断能力が失われて初めて効力をもちますが、今 のうちから金銭の管理や日々の手続きの代行を頼みたい、と いったときに結びます。引受人は、この契約では後見人ではな く「代理人」と呼ばれます。

死後事務委任契約

葬儀や埋葬、死後の行政手続き一式や家財の処分などをま かせるために結びます（P.25参照）。任意後見・法定後見とも に、契約はあなたの死をもって終了となるため、その後をフォ ローする契約です。

「家族信託」という手も

　「将来、所有する自宅を売却して、介護費用にあて ることを考えている」という人は、「**家族信託**」を利用する といいかもしれません。あらかじめ別居の子などと信託 契約を結んでおき、財産の管理・運用・処分をその子に 託す、というものです。あなたが認知症になったあとで も、子が必要なタイミングで自宅を売却し、介護費用に あてることなどができます。もちろん信託する財産は、 不動産以外に、預貯金などでもかまいません。

　信託する相手は**家族や親族が原則**で、契約を結ぶと きには公正証書を作成しましょう。使い込みなどが心配 であれば監督人を立てることもできます。

家族信託が向いているケース

● 自宅を売却するか定期預金を解約するか しないと、介護資金が難しそう

● アパート経営で生計を立てているが、将 来同じように経営できるか不安

● 子に障がいがあり、自分亡きあとお金を 管理していけるか心配

┃口から食べられなくなったら

　人間は、生きていればいつか必ず死を迎えます。その前段として、口からものを食べられなくなるときがやってきます。健康なうちには考えられもしないことですが、あごを動かして食べ物を噛み砕く「咀しゃく」の力や、食べ物や飲み物をゴクリと飲み込んで食道へと送り込む「嚥下」の力などが徐々に弱くなっていき、いずれは食べられなくなります。

　あるいは、食べる意欲・気力のほうが先に衰えたり、体力がなくなって体が食べ物を受けつけなくなることもあるでしょう。

　つらいことですが、そんなとき、あなたや家族は決断をしなければなりません。「あとは自然のなりゆきにまかせる」、あるいは「経口（口から食べる）以外の方法で人工的に栄養をとり、命をつなぐ」、その二者択一です。

食べられなくなったら、どんな手段が？

管を用いて体内に食べ物を直接送り込む
経管栄養

> 飲み込みに問題はあるものの、消化器官には異常がない人に行われます。

経鼻経管栄養

鼻の穴からチューブやカテーテルを通して、胃に栄養を送り込みます。早期に回復し、再び口から食べられるような見込みのある人に適しています。

メリット
- 外科的な手術が必要ない
- 回復したらすぐに処置を止められる

デメリット
- 装着時の不快感から、とくに認知症の人は管を引き抜いてしまう恐れがある
- 肺炎や感染症を予防するため、こまめなチューブ交換が必要

胃ろう（腸ろう）

腹部表面から胃にかけて穴を開け、カテーテルを固定、胃（または腸）に直接食事（流動食）や水分を送り込みます。

メリット
- 一旦造設すれば、経鼻経管栄養より体への負担は少ない
- カテーテルの部分は衣服で隠れる

デメリット
- 外科的な手術が必要
- 感染症予防のために、こまめに消毒の必要がある
- 半年程度ごとにカテーテルを交換する必要があり、手間と費用がかかる
- 認知症の人の場合、カテーテルを抜いてしまうことがある

点滴で血管から栄養を投与する
経静脈栄養

> 主に消化器に問題がある人に行われます。

末梢静脈栄養

腕や足の「抹消静脈」に栄養を直接注入します。早期に回復が見込まれ、経口食に戻れそうな人に対して積極的に行われます。

メリット
- 外科的な手術が必要ないため、体への負担は少ない

デメリット
- 細い血管からの注入になるため、十分なカロリーが摂取できない
- 静脈炎や血管痛が起こりやすい
- 針を刺すたびに苦痛を伴う

中心静脈栄養

心臓の近くにある、太く血流の多い「中心静脈」に栄養を直接注入します。高カロリーの輸液を投与できるので、栄養状態が悪い人に対して行われます。

メリット
- カテーテルは固定式で、一旦設置すると苦痛は少ない

デメリット
- カテーテルを介して感染症にかかりやすく、こまめに消毒の必要がある
- カテーテル挿入時に肺を傷つける合併症を起こしやすい
- 高濃度の輸液を投与するため血糖値が上がりやすく、既往症によってはNG

　後者は医療的な処置を伴うことが多く、介護施設に入れなくなる（いられなくなる）などのデメリットが生じる場合も少なからずあります。医師や施設から十分に説明してもらったうえで方法を選ぶようにしてください。

延命治療をどうするか

　また同時に、延命治療をどうするかも考えておきましょう。本当に延命治療が必要な状態に

なったときには、あなた自身が意思を表明することは難しくなっているかもしれません。従って、最終的に延命治療をどうするかは家族にゆだねられますが、受ける・受けない、どちらを選ぶにしても、家族は迷ったり悩んだりするはずです。その負担を減らしてあげるためにも、あなたの意思や希望を日頃から伝えておいたり、『書き込みノート』に書き残しておいたりすることが重要です。

延命治療を希望したときの主な処置

心肺蘇生

　意識がなくなり、心肺停止状態になったときに行われ、自発的な呼吸と血液循環を回復させる手技です。人工呼吸器や高濃度酸素吸入のほか、肋骨圧迫法（いわゆる心臓マッサージ）やAEDによる電気ショックなどが該当します。

人工呼吸器

　自力では呼吸できない場合に、肺に空気や高濃度酸素を送り込みます。口からチューブを挿入する「気管内挿管」、首ののど部分を切開して気管にチューブを挿入する「気管切開」のほか、専用のマスクを介し、圧力差を用いて呼吸を補助する方法などがあります。

輸血／血しょう交換

　出血や吐血などにより体内の血量や血液成分が欠乏したとき、あるいは血液の機能が低下したときに行います。

人工透析

腎臓の働きが低下したとき（腎不全）に行います。機械に体内の血液を通し、腎臓の代わりに血中の老廃物を除去させます。急性の腎機能障害でない限り人工透析治療は半永久的に止めることができず、一種の延命治療となります。

昇圧剤

血圧を上昇させる薬剤。血圧が下がると血の巡りが悪くなり、臓器の機能障害を起こし、意識不明などにおちいります。

人工栄養

胃ろうや点滴など、左ページのような人工栄養の投与も、状況によっては延命治療の一種です。

これって延命行為？

いいえ、必ずしもそうではありません

　自分は「延命治療を望まない」と決めたけれど、自宅や外出先で倒れたら、救急車を呼んではいけないのだろうか？　病状が急変して、動転した家族が心臓マッサージに同意するのは、いいのだろうか……？

　延命治療を受ける・受けないを考えるとき、そんな疑問が浮かぶことはよくあります。

　しかし、救急搬送や救急処置を受けることは、必ずしも延命とイコールではありません。また、医療行為を一切受けないことが「NO 延命」でもありません。

　混同しないように、よく気をつけましょう。

　「延命」と「救命」、あるいは「延命」と「治療」の線引きはとても難しいものです。その場の状況や直前までの健康状態によって変わるものだからです。余命が長くないことがわかっている人に、望まない救命処置をしたら延命になるかもしれませんが、昨日まで元気だったり病状が安定していた人にするものは、あくまで治療です。生への希望・回復の希望と延命拒否の姿勢は、決して背中合わせのものではないのです。

　なお、もしも「延命治療を望まない」とあなたや家族が決めていたとしても、「遠方で暮らす子が駆けつけるまでは……」と、昇圧剤などを希望するようなこともまた、あっていいのではないでしょうか。自身の決断にとらわれすぎず、柔軟な考え方をしてください。

「枯れるように逝く」ために

現代の日本は、人口の約8割、5人に4人が、病院や介護施設など自宅以外の場所で亡くなる時代です。延命治療とも関連のあることですが、自分らしいエンディングとはどんなものか、どんなふうに人生の最期を迎えたいかをイメージしておき、あらかじめ病院や施設に伝えておくことを考えてもいいのかもしれません。

ターミナルケア（終末期医療）という考え方が近年広がりつつあります。これは、病気や老衰で余命がわずかとなった人が、残りの人生を穏やかに、そして心豊かに送るための取り組み全般を指します。本人に対しては、鎮痛剤や解熱剤などを使って痛みや苦しみをできるだけ取り除いて、穏やかに過ごせる時間を増やし、家族に対しては、死と向き合うゆるやかな時間をもってもらい、心のケアをするというものです。

健康で元気なうちはイメージしにくいかもしれませんが、人生のラストシーンを自分らしく過ごせるかたちを考え、家族と共有するようにしてはどうでしょうか。

臓器提供を考えるなら

もし、その意思があるのであれば同時に考えたいのは、臓器提供や献体といった死後の社会貢献です。亡くなったあととはいえ、遺体を傷つけるようなことには抵抗があるという人も多い

ターミナルケア
（終末期医療）とは
ー最期まで自分らしく生きるためにー

定義や境界線があいまいなまま
使われやすい、終末期にまつわる
医療やケアを整理しました。

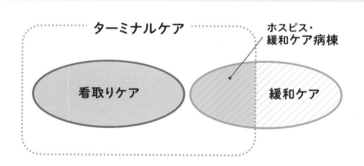

ターミナルケア

ホスピス・
緩和ケア病棟

看取りケア　　緩和ケア

看取りケア

「自然のままに穏やかに逝く」ことを大切にして、老衰など、看取り期に入った人にほどこす医療やケアを指します。ターミナルケアをやわらかく言い換えた言葉と思っていいでしょう。

延命治療や積極的な医療はしませんが、できるだけ苦しまず、**心地よく**最期のときを過ごせるように、**体調の維持・管理**を目的としたケアを行います。

●**自宅での看取り**
訪問診療に対応してくれる医師をあらかじめ探しておきましょう。臨終に立ち会ってもらう、または死後速やかに駆けつけてもらうことで、不審死や変死として扱われることなく済みます。

●**介護施設での看取り**
看取りをしてくれる施設は、一般に医療スタッフが常駐し急変にも対応するため、家族の負担は少なくなります。食事の好みに応えたり、体調がいいときは外気に触れられるようにしたり、個人の尊厳に配慮したケアを心がける施設が増えています。

緩和ケア

がんなど、命をおびやかす病にかかっている患者と家族を対象とした医療とケアです。主な目的は、**前向きに治療に取り組める環境を整える**ことにあります。緩和ケアは病気の初期段階から受けることが可能で、必ずしも終末期のケアではありません。

●**心理的な不安を取り除く相談・助言**
●**勉強会や講習会**
●**家族会の紹介　など**

ので、家族の了承を得にくい場合もあります。よく考え、意思が固いのであれば、家族には事前に思いを伝えておくようにしましょう。

　臓器提供の意思を示す方法はいくつかあります。運転免許証や健康保険証に書く欄がありますので、外出などの際に持ち歩くようにすると、不慮の事故や外出先で倒れた場合などにも志が伝わりやすくなります。

　臓器提供、献体ともに、一度意思を表明したからといって絶対のものではありません。いつでも取り消すことができます。また、遺体はきちんと処理を終えた状態で返してもらえるため、通常と同じようにお葬式をあげることもできます。

日本臓器移植ネットワークが発行する「臓器提供意思表示カード」

ホスピス・緩和ケア病棟

　緩和ケアの一種ですが、終末期を迎えた患者と家族のために特化しています。医療スタッフのほか、さまざまな専門家がチームを組み、身体的・精神的ダメージを**最小限におさえるケア**を行いながら、安らかな最期へ導きます。専門の施設や病棟でのほか、在宅で行うホスピスもあります。

- ●痛みや苦しみを取り除く治療
- ●心理的な不安を取り除く相談・助言
- ●患者の好みに応じた食事
- ●家族が泊まれる設備
- ●音楽会などのイベント開催
- ●ペットとの面会、アニマルセラピー　など

臓器提供をするには?

　臓器の移植を希望する人に、死後、臓器を摘出して提供するのが「臓器提供」です。臓器提供には、①脳死後（心臓は動いているが脳全体の機能が失われた状態）と、②心臓が停止した後の2つの段階があり、②の心停止後では血流が止まってしまうため、提供できる臓器の種類が限られます。

提供できる臓器

脳死後…心臓、肺、肝臓、小腸、腎臓、すい臓、眼球（角膜）

心停止後……………………　腎臓、すい臓、眼球（角膜）

　臓器提供の意思表示には下記のような手段があります。示しておけば基本的に本人の意思が尊重されますが、家族の承諾がなければ臓器提供は行われません。意思が固まったら、家族に話して納得しておいてもらうことも大切になります。

意思表示の方法

健康保険証　運転免許証　マイナンバーカード

インターネットによる意思登録（www.jotnw.or.jp/）

臓器提供意思表示カード（自治体の役所、一部の病院や郵便局などに用意されています）

※眼球（角膜）の提供は全国のアイバンクに登録することでも行えます。

献体するには?

　研究や教育に役立てるために、無条件・無報酬で遺体を医学・歯学の大学に提供するのが献体です。

　献体を希望する場合は、生前に献体登録をする必要があります。登録先は居住地にある医科大学か歯科大学、または献体篤志家団体（献体の会）へ。登録の際には家族の同意の署名・押印も必要で、かつ死後に家族が献体先に連絡しなければ意思は実行されません。配偶者はもちろん、家族・親族とはよく話し合い、事前に同意を得ておくことが重要です。

　なお、実習のあと、遺体が火葬されて戻ってくるまでに1〜3年かかります。

（公益社団法人）日本臓器移植ネットワーク
www.jotnw.or.jp　　　☎0120-78-1069

（公益財団法人）日本篤志献体協会
www.kentai.or.jp　　　☎03-3345-8498

尊厳死について考える ▶▶▶

┃ リビング・ウイルを書きますか?

　尊厳死は、欧米で生まれた人の逝き方の概念です。できるだけ自然の経過のまま死に至る＝「枯れるように逝く」ことで、人間としての尊厳を保ったまま命を終えたい、という個人の意思をいいます。苦しみを長引かせないようにと薬剤などを使って死期を早める、いわゆる安楽死とは別のものです。

　一方、リビング・ウイルとは、文字通りには「生前の意思」という意味ですが、具体的には、重体になるなど、自分自身では判断も意思表示もできなくなった場合に備えて、治療に関して自分の希望を述べておく書類のことを指します。尊厳死という考え方が広まるに伴って、「尊厳死の宣言書」「終末期医療やケアについての意思表明書」などのように訳されて使われるようになっています。

　そうした性格上、リビング・ウイルは、本人にとって無用と思える延命治療を拒否したり、回復が不可能な状態になったときに、生命維持装置を拒否したりといった意思を伝えることが多くなります。同時に、それらは紛れもなく本人の望みであること、行為の責任は本人にあることも示します。

　ただし、下にも記したように、リビング・ウイルは必ず示さなければならないものではありませんし、もちろん、尊厳死を希望しなければならないものでもありません。「どんなふうに死を迎えたいか」はあなた自身が意思決定するものであり、あなた以外の誰にも決めることはできないのです。そして、どんなかたちを選んだのであれ、家族の同意や支えがあって初めて実現できることでもあります。日頃から家族とよく話し合っておくようにしましょう。

！ リビング・ウイルは絶対に必要なものではない

　リビング・ウイルは、一般に「延命治療を望まない」という強い意思を示すためのもので、迷っていたり、決めかねている人まで書く必要はありません。また、矛盾するようでもありますが、「できる限り治療を続けてほしい」「回復への望みをもち続けたい」と希望することもまた、立派なリビング・ウイル(生前の意思表示)です。

リビング・ウイルを示すには

日本尊厳死協会に入会し、協会発行のリビング・ウイルに署名する方法もありますが、自身で意思表明書を作成してもかまいません。決まった書式はなく、本人の意思が明確に示され、作成した年月日と、本人と家族の署名・捺印があれば問題ありません。右に例文を示します。

● できるだけ2〜3年に一度は署名・捺印し、意思が継続していることを示すといいでしょう。

● 必要なときに見せられるよう、見つけやすいところに保管したり、家族にコピーを渡しておいたりしましょう。

(公益財団法人)日本尊厳死協会　songenshi-kyokai.or.jp　☎03-3818-6563

リビング・ウイル
終末期の医療やケアについての意思表明書

　この意思表明書は、私の意識が清明で、書いている内容を十分理解できる状態にあるときに、私自身の考えで書いたものです。

　私が高齢となり、意識を失うような状態におちいったり、あるいは、たとえ呼びかけに応じたとしても、意識がもうろうとした状態が続いているときは、以下のようにしてくださることを希望します。

　どうか、私の意思を尊重してください。

□私のけがや病気が現代の医学では不治の状態であり、すでに死が迫っていると診断された場合には、死期を引き延ばすためだけの延命治療はしないでください。

□ただし、私が苦しそうに見える状態を緩和してくださる治療なら、喜んでお受けします。

□私が回復不能な遷延性意識障害（持続的植物状態）におちいったときは、生命維持装置の使用を取り止めてください。

　以上、私の要望を果たしてくださった医師の方々、看護師の方々、医療・介護スタッフの方々には、心から深く感謝を申し上げます。同時に、その方々が私の要望に従ってくださった行為の一切の責任は、私自身にあることを書き添えます。

　　　　　　　　年　　　　　　月　　　　　　日
住所
本人署名（自筆）　　　　　　　　　　　（　　　　歳）印
家族署名（自筆）　　　　　　　　　　　（　　　　歳）印

以上の意思表明書に変わりはないことを認めます。
　　　　　年　　　月　　　日　本人署名（自筆）　　　　　　　　　（　　　　歳）印
　　　　　年　　　月　　　日　本人署名（自筆）　　　　　　　　　（　　　　歳）印
　　　　　年　　　月　　　日　本人署名（自筆）　　　　　　　　　（　　　　歳）印
　　　　　年　　　月　　　日　本人署名（自筆）　　　　　　　　　（　　　　歳）印
　　　　　年　　　月　　　日　本人署名（自筆）　　　　　　　　　（　　　　歳）印

いろいろいる「専門家」
相談事は誰にすればいい?

エンディングノートにまつわる内容——財産管理、遺言、遺産相続などで、わからない点や不安な点があったら、どんな専門家に相談すればいいのでしょうか? 法律や金銭がからむ内容なので、弁護士や税理士の存在が思い浮かびやすいですが、ほかに司法書士や行政書士も心強い味方になります。

もともとの専門分野の関係もあり、それぞれにこんな強みがあるようです。

● 遺産相続などで、あらかじめトラブルが見込まれるなら 弁護士
● 財産額が大きく、相続税を払うことがほぼ確実なら 税理士
● 財産に不動産が多い人は、登記手続きに強い 司法書士
● 行政手続きや書類作成のプロ 行政書士 は、万能選手型

それぞれに関与できる業務・できない業務が国の定めで決まっていて、すべてをひとりで請け負える専門家はいませんが、心配はいりません。たいていの専門家は互いにタッグを組むことで、請け負えない分野をカバーし合っています。

従って、相談相手を選ぶときには、肩書きでなく「人」を見ましょう。「実直に対応してくれそうか」「親身に相談にのってくれそうか」を基準に選ぶことが大切です。口コミ情報や知人の紹介も頼りになります。

少し気をつけてほしいのは、「相談は無料」を謳っているケース。無料相談の間はのらりくらりと返答を避け、結局有料に持ち込もうとする人も中にはいます。それならば、相談料は1回ごとにかかっても、きちんと回答をくれる専門家のほうが相談者にとってはありがたいですよね。

報酬の相場は、やはり弁護士、税理士の順で高く、司法書士や行政書士は比較的安めです。ごく一般的な内容の相談事であれば、行政書士や司法書士への依頼がおすすめです。中でも行政書士は、法廷を舞台に大立ち回りする弁護士や検事と比較して、「頼れる町の法律家」の異名もとる存在です。

なお、介護や福祉関連の相談事は、地域包括支援センターや社会福祉協議会へ。行政の窓口で連絡先を教えてくれます。

part

2

人生のしまい方を考える

ーお墓や相続についてー

自分が最期を迎えるとき、

誰の心にどんなものを残したいですか?

家族との別れの場である葬儀や

埋葬についての実態がここではわかります。

また、遺言の残し方や相続について

令和の新時代に欠かせない情報も満載です。

葬儀 について考える

NOTE 14〜15 ページ

自分の望む葬儀のかたちは?

生前のうちに自分の葬儀を自分でお膳立てし、葬儀社と契約を結ぶ人が近年増えています。生前予約は、自分らしい別れの場を自らの手で用意できること以外に、家族を助ける側面もあります。というのも、生前予約をしてあれば、あなたの死後、家族は悲しみもそこそこに葬儀社探しや葬儀の手配に追われるということがなくなります。ゆっくりと別れを惜しむことができ、ひいては、死の喪失感から早く癒されるのです。

とはいえ、何から何まで完璧に計画する必要はありません。かえって家族の負担になる可能性も考えられます。気の進まない人は、「こんなふうに最期を送ってもらえればうれしい」という思いだけノートに残せば十分でしょう。葬儀のヒントを得られて、家族はきっと喜びます。気に入った葬儀社があるときは、会社名も伝えておきましょう。

菩提寺があるときに気をつけること

あなたやあなたの家族には、菩提寺、そしてご先祖の眠るお墓がありますか?　ある場合に

「自分の葬儀費用を自分で」という考え方

こじんまりと行う「家族葬」という新しい葬儀が主流になりつつあるなど、葬儀の規模は近年、縮小化の傾向にあります。とはいえ右の「葬儀の平均費用」を見てもわかるように、まだまだお葬式とはお金のかかるものであることは確かです。

自分の葬儀費用を自ら用意し、家族の経済的負担を減らす気づかいとして、このところ人気なのが「葬儀保険」です(名称は商品によりさまざま)。加入者が亡くなったとき、一般の生命保険などより速やかに保険金が払われ、葬儀費用にあてやすいことが特徴で、早いと請求当日や翌日に支払われます。払われる保険金額も最大300万円までと上限が低めで、その代わり掛け金も手頃です。

もちろん、手段は「葬儀保険」に限りません。葬儀費用を見越して預貯金を多めに残しておくなどの手立てでも、きっと家族は心強いことでしょう。

葬儀にかかる平均的な費用
(2017年度:日本消費者協会調べ)

195万円

内訳

葬儀一式費用 121万円
- 遺体の保管・搬送の費用
- 儀式に必要な物品費や人件費
- 会場料、火葬料

飲食接待費用 30万円
- 通夜ぶるまいや精進落としでの飲食代
- 返礼品の費用

宗教費用 47万円
- 読経料や戒名料など宗教者に支払う費用

生前予約(生前契約)とは?

元気なうちに自分の葬儀の形式や内容、費用などを決めておき、葬儀社と契約を交わすシステムです。葬儀社が主催する終活セミナーが入口になっていることが多いようです。生前契約は料金前払い制が大半なので、信頼できる葬儀社か、返金システムや安全な料金運用が考えられているか、などを十分に調べることが大切です。複数の葬儀社の比較検討や相見積もりも忘れずに。

無用なトラブルを避けるために、生前予約をする際にはできれば家族の同意も得ておくといいでしょう。

は、その関係を大切にして葬儀の段取りを進めることが重要です。

　菩提寺はあるけれど、子世代にわずらわしい思いをさせたくないと、無宗教スタイルの葬儀を生前予約で選んだ。費用が安いと聞いたので、インターネットの僧侶サービスで戒名を付けてもらった……などを菩提寺への断りなしにしてしまうと、最悪の場合、菩提寺にある先祖代々のお墓に入れてもらえないことがあります。気をつけましょう。

　郷里など住まいと離れたところに菩提寺があるときは、同じ宗派の近くの寺院を紹介してもらったり、生前に戒名を授かりたいときも、電話や手紙などで菩提寺から授かるようにするなどして、極力トラブル回避を心がけましょう。

　なお、仏式の葬儀をあげるときに、戒名は絶対に必要というわけではありません。葬儀、位牌、墓碑など、すべて俗名で通すことは可能です。戒名料の相場は、ごく一般的な戒名なら5万円前後ですが、希望する戒名次第で、40万円前後から場合によっては80万円程度まで高くなることもあります。ちなみに、戒名料は単独では支払わず、読経料と共に「お布施」として僧侶に払います。

葬儀のタイプと費用の例　※いずれもA社のケースで、宗教者に払う宗教費用(謝礼)を除いた金額。

一般葬 **124**万円
（会葬者50人の場合）

友人・知人からかつての同僚などまで広く死亡を告知し、参列者を限定しない従来型の葬儀。故人の付き合いの広さにより、参列者の規模は数十人から100人前後までさまざまです。

家族葬 **89**万円
（会葬者30人の場合）

死亡の知らせを親戚や親しい友人・知人の範囲にとどめ、参列者を限定して行う葬儀です。規模は小さめ。文字通り「家族だけ」に絞って行うケースもありますが、まだ少数派です。

一日葬 **44**万円
（飲食接待を伴わない）

通夜を行わず、葬儀・告別式と火葬のみを一日で行うスタイルです。参列のお礼をかねて儀式後に精進落としをふるまうことも少なくなく、たいていの場合、飲食費用が別途伴います。

直葬（火葬式） **17**万円
（飲食接待を伴わない）

火葬のみで簡素に送るスタイルで、通夜も葬儀・告別式も行いません。参列者は火葬場に集合し、火葬前の短い時間が故人との別れの場となることから、「火葬式」と呼ばれることもあります。

家族の心にとどまる遺影を

　自分の葬儀を手配する段取りは荷が重い、面倒だ。そんな場合は、遺影だけでも自分で用意してみてはどうでしょう。「こんな姿を心にとどめてほしい」と思うお気に入りの一枚、自分らしさが表れている一枚を、ぜひ「遺影用に」とメモして残しましょう。

　遺影用にとっておきの写真を撮り下ろすこともブームになっています。終活セミナーで無料の遺影撮影会が行われていることも多いので、活用するといいかもしれません。

葬儀は故人のためにだけ行われるわけではありません。残された人にとって別れを悼み、死を受け入れる大切なプロセスとなるものです。生前予約をする場合は、家族のためにも形式などは慎重に選びましょう。

お墓について考える

NOTE 16〜17ページ

■ お墓を「継ぐ人」はいますか？

先祖代々のお墓のある・なしや、新たにお墓や納骨堂を買う・買わないといった問題以上に、そのお墓を継ぐ人（承継者）がいるかどうかが、お墓選びの大きなカギになります。

お墓には、子孫に代々継がれていく継承墓タイプと、ほかの人の遺骨と共に合祀される永代供養墓タイプ、大きく分けて2種類あり、承継者の有無が影響を及ぼします。

「きっと子どもが継いでくれるだろう」「子どもに迷惑をかけたくないから、自分の代までに」など、さまざまな思いがあることでしょうが、果たしてそれは自分だけの漠然とした考えではありませんか？　子世代ときちんと話し合ったことはありますか？

子にかける負担が少ないからと、近年選ばれることの多い永代供養墓にもデメリットがあります。最初から合祀されるのでなく、一定期間は個別の遺骨収蔵スペースがあり、供養も個別に行われるタイプの永代供養墓もありますが、それでも、「大勢と祀られているので、お墓参りをしてもピンとこない」「親や先祖とのつながりが希薄に感じられる」などを残念がる子世代も。また、一旦合祀されると、遺骨を取り出して別のお墓に移すこと（改葬）もできなくなります。

継ぐ人がいるか。継ぐ意思はあるのか。お墓選びはそこまで考えて決めましょう。

■ 故郷の墓の行く末も考える機会に

なお、先祖代々の墓は離れた故郷にあり、住まいの近くにお墓を買うことに決めた場合も思案が必要です。承継者の負担を軽くすることを考えるなら、故郷の墓を墓じまいする、または同じ近くの墓に先祖の遺骨を移す（改葬）ところまで始末をつける。これこそが現代風の人生のしまい方の作法かもしれません。

改葬には、古いお墓の「埋葬証明書」と新しいお墓の「受入証明書」、そして「改葬許可証」をそろえなければならないなど、手間と時間がかかることを覚えておきましょう。

墓地・霊園のタイプ

■寺院墓地
多くの場合、檀家になることが求められますが、中には宗旨・宗派を問わずにお墓を建てられるところもあります。

■公営墓地（霊園）
自治体が運営するため使用権料や管理料が割安で、公募や抽選での倍率は高めです。宗教・宗派は問われません。

■民営墓地（霊園）
公益法人や宗教法人が運営し、宗教・宗派は不問。法要のための施設などが充実していることが多く、料金は高めです。

お墓にまつわる主な費用 （一般的な継承墓タイプの場合）

❶永代使用料（墓地使用権料）……20万〜200万円
契約時に支払い、これにより墓地を使用する権利を得ます。立地条件や区画、その大きさなどによって金額が大きく異なります。承継者がいない場合は区画と使用権を返却しなければなりませんが、料金は戻りません。

❷年間管理料……1万円前後
毎年支払うもので、墓地を維持・管理するための費用です。

❸墓石建立費……100〜300万円
石そのものの費用のほか、加工費、彫刻費、設置工事費などがかかります。

❹納骨や法要の費用……3〜5万円
お墓を建てたときの開眼法要（御魂入れ）や、納骨時の法要で僧侶に払います。寺院墓地の場合、または仏式作法を重んじる場合に必要。

さまざまな埋葬のスタイル

継承墓 100〜300万円
一般に思い浮かべやすい従来タイプのお墓です。子々孫々に受け継がれていきます。 （継承）

個人墓（個別墓） 70〜300万円
基本的に永代供養墓で、承継者を必要としないタイプのお墓の総称です。家単位の「家墓」、夫婦単位で入る「夫婦墓」など、時代のニーズに合わせてさまざまなスタイルがあります。 （永代）

納骨堂 10〜100万円
専用施設の収蔵スペースに遺骨を納めます。いわゆるお墓よりも費用がかからないこと、都市部のニーズなどから、選ぶ人が増えています。ロッカー型以外に、仏壇型、墓石型など多様化していて、「味気ない」「お参りしづらい」という当初の評価を払拭するものも多くなっています。 （継承）（永代）

樹木葬 30〜150万円
墓標の代わりとなる樹木のもとに遺骨を収蔵します。1本のシンボルツリーの周りに複数の人の遺骨を埋めるタイプと、一人の遺骨につき1本の植樹をするタイプがあります。 （継承）（永代）

継ぐ人を必要としない永代供養墓

❶単独墓（※前出の個人墓、個別墓と同義）
……40万〜50万円＋墓石代など
一般的なお墓と同じように墓石のもとに納骨し、一定期間は単独で供養します。30年や三十三回忌までなど、あらかじめ決められた期間を超えると合祀されます。「納骨堂」スタイルの永代供養墓もあります（100万円前後）。

❷集合墓・共同墓……20万〜30万円
シンボルとなる石碑や塔などのもとに納骨されます。ただし、納骨スペースは個別に分けられています。定められた期間が過ぎると、こちらも合祀されます。

❸合祀墓・合葬墓……10万〜20万円
見た目は❷と似ていますが、納骨スペースは個別に区分されておらず、ほかの人の遺骨と共に埋葬されます。

散骨 3〜100万円
遺骨を細かく砕いた遺灰を海や山などにまくもので、別名「自然葬」。「葬送のために節度をもって行えば、遺骨遺棄罪には当たらない（違法ではない）」という解釈がとられていますが、自治体によっては散骨を禁止する条例を定めているところもあります。専門業者のプランを利用して散骨したほうが安心です。

手元供養
火葬後の遺骨を自宅に安置して弔う方法です。遺骨のすべてを身近に置くケースと、分骨してお墓への埋葬と手元供養に分けるケースがあります。たとえ手元供養でも、火葬の際に渡される「埋葬許可証」は紛失しないよう気をつけましょう。たとえば配偶者の遺骨を手元供養とした場合、いつか誰かが、自分と配偶者の遺骨を埋葬しなければなりません。その際に「埋葬許可証」が必要になるからです。

死後事務委任契約

「自分が死んだら、誰が埋葬や後片付けをしてくれるの?」を解決

死後に必要となる各種手続きや手配をあらかじめ第三者に依頼し、実行してもらう契約です。子のいない人、ひとり身の人は利用を考えるといいかもしれません。まずは地域の社会福祉協議会や行政書士などに相談してみましょう。認知症などになり判断能力が低下すると、死後事務委任契約を結ぶことはできなくなります。元気なうちが肝心。契約を結ぶなら、公正証書を作成することをおすすめします。

人の死に際して、とらなければならない手続きの量は膨大です。法律系専門家に頼む場合はもちろん報酬が必要ですし、友人・知人の場合も相応の謝礼を用意しましょう。

死後に必要な手続きの例
- ●遺体の引き取り
- ●葬儀や火葬、埋葬
- ●死亡届など役所手続き
- ●生前の病院等への支払い
- ●電気やガス等の停止
- ●自宅等の片付け、処分

↓

- ●「何を」「どのように」実行してもらうかを具体的に決めて契約を交わす
- ●必要な経費を預託金として信託銀行などに預ける

相続について考える

NOTE 30～31ページ

自分の財産を継ぐ相手を知る

『書き込みノート』の家系図のページを見て、「家系図まで書かされるのか」「なぜ？」と驚いた人も多いのではないでしょうか。しかし家系図は、民法が定めるところの「遺産を受け継ぐ権利をもつ人＝法定相続人」をいま一度把握するために案外役に立ちます。「そうか、この人にも自分の財産は継がれるのか」「思ったより多くがこの人にいくのだな」といったことを客観的に知ることができるわけです。ときには、法定相続人ではないけれど、ぜひとも財産を贈りたい相手（遺贈者）に思いが至るかもしれません。

とくに遺言がなければ、遺産は協議を経て法定相続人の間で分割されますが、遺言に記せば法定相続人以外の第三者に遺産を分与することができます。遺言によって相続人の間の分割割合を決めることもできます。このように遺言は相続に大きな影響力をもちます。

また、先ほど遺産を受け継ぐ「権利」と書きましたが、同時に、借金やローンなどの負債＝負の遺産を受け継ぐ「義務」も相続人には発生し

遺産を継ぐ権利と義務がある人＝法定相続人

「どんな人がどんな順位で相続人になるのか」が民法では定められていて、その範囲内の人を「法定相続人」と呼びます。被相続人（あなた）の血縁者を4つのグループに分け、相続の優先順位を決めています。

配偶者はいつでも**最優先**で相続人。**子**がいれば、子も相続人に指定されます（第一順位）。そして、子がいなければ親（第二順位）、親がいなければきょうだい（第三順位）……というように相続人は決まります。

あなたが再婚している場合、前の配偶者は相続人ではありませんが、子は相続人となります。また、内縁の夫・妻、認知されていない子（非嫡出子）は法定相続人にはなりません。

「法定相続分」は遺産分割の目安!?

相続人が1人のときはその人がすべてを相続しますが、相続人が複数いる場合、遺産は分割して受け継がれます。分割の割合が遺言で指定されていなかったり、そもそも遺言がないときは、相続人全員で話し合って割合を決定します（遺産分割協議）。そのときの目安となるのが「法定相続分」。法律が各相続人の取り分として定めた割合です。

ただし、法定相続分は「錦の御旗」ではありません。家族ごとに事情や人間模様があり、お上が定めた割合がベストとは限りません。それを解決するのは遺言です。

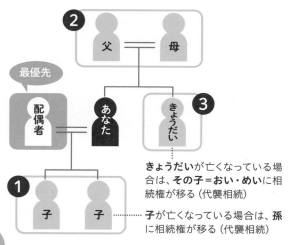

きょうだいが亡くなっている場合は、その子＝おい・めいに相続権が移る（代襲相続）

子が亡くなっている場合は、孫に相続権が移る（代襲相続）

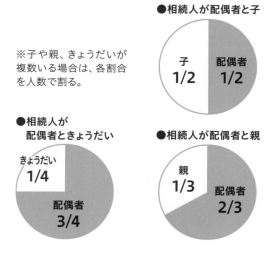

※子や親、きょうだいが複数いる場合は、各割合を人数で割る。

●相続人が配偶者と子
子 1/2 ／ 配偶者 1/2

●相続人が配偶者ときょうだい
きょうだい 1/4 ／ 配偶者 3/4

●相続人が配偶者と親
親 1/3 ／ 配偶者 2/3

ます。マイナスの遺産がプラスの遺産を上回る場合、相続人は「相続放棄」という手段をとれば負債を回避できます。ノートに負債も余さず書き込むようすすめているのは、そうした配慮のためなのです。

相続税はかかる？かからない？

相続税は遺産のすべてにかかるわけではありません。「これ以下の遺産には課税しない」という限度額＝基礎控除額が決められていて、遺産総額から基礎控除額を引いた額に対して税率をかけ、相続税は算出されます。

2015年（平成27年）に施行された相続税法の改正は、大きなインパクトをもって報道されたので覚えている人も多いでしょう。基礎控除額が大幅に引き下げられたことから、自分の財産にももしかして相続税がかかるのでは？　と気になっている人も少なくないはず。ノートへの記入を機に、相続税の対象かどうかをざっと計算してみてはどうでしょうか。確実に相続税がかかりそうなら、生前贈与などの手段をとることで対象額を減らすこともできます。

相続税の基礎控除額と、相続税率

基礎控除額 ＝ 3000万円 ＋（法定相続人数 × 600万円）

法定相続人が2人なら4200万円、3人なら4800万円となる

相続税は基礎控除額を超えた場合に発生

課税対象となる遺産額	税率	控除額
1000万円以下	10%	―
3000万円以下	15%	50万円
5000万円以下	20%	200万円
1億円以下	30%	700万円
2億円以下	40%	1700万円
3億円以下	45%	2700万円
6億円以下	50%	4200万円
6億円超	55%	7200万円

（2020年8月現在）

※ただし配偶者には最低1億6000万円の相続税の免除もある（配偶者の税額軽減制度）。これは、夫婦の財産は長年2人で協力して築いたものであり、残された配偶者が生活に支障をきたさないようにという配慮から。

特別寄与者に配慮する令和時代の相続

「**特別寄与者**」とは、生前、介護や家業の支援などであなたに尽くしてくれた人（相続人または親族※）をいいます。遺言がなかったり、遺言でとくに寄与分が考慮されていない場合、特別寄与者は相続人に対して寄与料を請求することができます。

とはいえ、請求という行為には、なんとなく後ろめたい思いもつきまとうもの。一定の財産を贈る旨を遺言に書き残すなどして、あなたからすすんで特別寄与者に配慮するのが、令和時代の相続のかたちかもしれません。

特別寄与の例

長男（またはその妻）が親身になって介護や看病をしてくれた

次女（またはその夫）が献身的に家業を支えてくれた　など

※子の配偶者やおい・めいなど、6親等内の血族と3親等内の姻族も、特別寄与料を主張できる。

相続人がいないとき、遺産はどうなる？

法定相続人が1人もいないときは、内縁の妻など、被相続人（あなた）と共に暮らしていた人や、老後の面倒をみてくれた人などの「特別縁故者」が遺産相続を請求することができます。

しかし、特別縁故者も遺言もない場合は、遺産はすべて国のものになります。

上記の例に心当たりがある人は、その特別縁故者に財産を譲るよう（遺贈）、遺言に書き残しておくと、特別縁故者が自ら請求する不便をかけずに済みます。遺贈で団体に寄付することもできます。

遺言を残すということ

NOTE 32~33ページ

遺産だけ人まかせ？

「相続争いなんてわが家には関係ない。大金持ちの家での話だろう」、こんなふうに考えてはいませんか？　ところが近年、財産の多い・少ないにかかわらず、遺産相続のトラブルは増えています。むしろ遺産が1000万円前後の家族のほうがこじれやすい、という報告もあるほどです。

法定相続分という分割の目安があるのなら、それに従って仲よく分けてくれればいい。そう考えて遺言を残さない親は多いものですが、子が同じ思いとは限りません。「大学院まで行かせてもらい医者になった兄貴に比べて、自分は金をかけてもらえなかった。財産を多めにもらっていいはずだ」。たとえば、こんな思いが発火点になることはよくあります。また、外出がままならなくなったとき、子どもより近所に住む妹によほど助けられた、お礼としてなにがしかの財産を譲りたい……といった場合も、遺言を書かなければ意思は果たされません。子がいれば、通常、妹は相続人にはなれないからです。

できれば残したい遺言書

総じて遺言は、「法的効力をもつ財産の処分

法的に遺言できる内容

遺言書では「誰に、どんな財産を、どのように分配したいか」を明確に書くことが求められます。下記のような項目を書くと、法的に遺言として認められます。

☐ **遺産の分け方**
……「土地と建物を長男に」など、誰に何を相続させるかを指定します。「介護してくれた長男の嫁に」といった、法定相続人以外の第三者への遺贈や寄付も指定できます。法定相続人に対しては「相続させる」、第三者に対しては「遺贈する」という言葉を使ってください。

☐ **負担付き遺贈／条件付き遺贈**
……一定の条件をつけて財産を譲ります。「150万円を遺贈するので、ペットの世話をめいにまかせたい」「土地と建物を長男に相続させるが、代わりに妻の面倒をみること」など。

☐ **生命保険金の受取人**
……生命保険金の受取人を指定したり、契約上の受取人とは別の人に指定したりすることができます。ただし、トラブルのもとになりやすいので、受取人が子Aだけに片寄っていたものを、一部を子Bに変更して公平にしたい、といった方向での変更をおすすめします。

☐ **相続の割合**
……分割の割合を指定できます。「二女に2分の1、長女と三女に4分の1ずつを相続させる」など。

☐ **子の認知**
……婚姻関係にない相手との子や胎児を認知することができます。

☐ **遺言執行者**
……遺言内容を確実に実現させるための手続きを行ったり、手続きが完了するまで財産を管理したりする人を指定できます。相続人の代表者でも、相続人以外の第三者を指名してもかまいません。

☐ **付言事項**
……法的な効力はありませんが、相続人への思いを書いて伝えることができます。「二男は長男と違って体が弱い。長男には申し訳ないが、そのぶん二男に財産を多く残すことにした」など、不平等な相続への思いや、金額に表すことのできない思いは、できるだけ付言として書き残しましょう。

「マニュアル」と考えることができます。これまでのあなたの人生に関わった人と、その人への思いを見つめ直し、財産分与というかたちで愛情とメッセージを残す作業だと考えてみてはどうでしょうか。

遺産相続には「遺言が何より優先する」という大原則があり、法的に有効な遺言が残されていれば、原則として遺言の内容に従う必要があります。そのため、少しの不満などは残ったとしても、絶縁など重大な事態への発展は避けやすくなります。家族への思いやりとして遺言を残すことを考えてみましょう。

とくに遺言書を作るとよいケース

相続時にトラブルが起こりやすい次のようなケースでは、専門家と相談のうえ、法的に確実性の高い「公正証書による遺言」（下記参照）を作ることをおすすめします。

子がいない ※相続人が配偶者と高齢のきょうだいのみのケースはとくに。きょうだいが亡くなると、代襲相続でおいめいに相続が移り、トラブルが増えがちです。

再婚して、前の配偶者との間にも子がいる

内縁の夫・妻、パートナーに財産を譲りたい

法定相続人でない人に譲りたい

相続人がいない

相続人同士の仲がよくない

障がいのある家族、病気の家族がいる

遺言書、どちらで作る？
遺言書にはいくつかの方式がありますが、次の2つが一般的です。

自筆証書による遺言		公正証書による遺言
あなた（遺言者）がすべて自筆で書き、基本的に自分で保管するため、作成が簡単です。ただし、書き方に厳格なルールがあり、法的に無効となる恐れが多くあります。		あなた（遺言者）が用意した下書きや口頭で述べた内容を、公証人が書き取って遺言書にします。法的な様式不備・内容不備の心配がありません。
本人	書く人	公証人
どこでもよい	書く場所	公証役場
自筆のみ。パソコンや代筆はNG。ただし財産目録はパソコン作成可。	書き方	公証人との会話を通じて、遺言内容を伝える。
印鑑	必要なもの	実印、印鑑証明書など
本人や家族、または法務局に預ける。	保管場所	原本は公証役場に、正本と謄本は遺言者本人が保管。
○内容を秘密にできる。	長所	○紛失や盗難、書き換えの心配がない。
×書く手間がかかる。 ×様式不備や内容の不備で無効になる恐れがある。	短所	×手数料がかかる（5千円〜。ただし財産額と相続人数によって変動し、平均10万円前後）。 ×2人の証人が必要。

「家族の負担」が大きい自筆遺言

自筆証書遺言は自分ひとりで作成が可能で、手間や手数料がかからない反面、じつはあなたの死後に面倒な手続きが生じるデメリットがあります。

死後、遺言書を見つけたら、家族は速やかに家庭裁判所に提出し、偽造防止の検認を受ける義務があります。ところが検認の手続きには、遺言者と相続人**全員分の戸籍謄本**などが必要で、また検認の際には相続人**全員の立ち会い**も求められます。

そうした検認の多大な手間をなくすため、自筆証書遺言を**法務局に預けられる制度**が2020年7月にスタートしました。

ただし、やはり戸籍謄本類は必要ですし、遺言を預かる際に法務局は最低限のチェックしかしないため、自筆証書遺言で起こりがちな内容の不備による無効までは防ぐことができません。確実を期すなら**公正証書による遺言**をおすすめします。

自筆証書遺言を作るなら……

自筆証書遺言のポイント	まず財産目録を作ります。パソコンで作成してもかまいません。漏れのないように気をつけ、すべてのページに署名・押印を。
	次に、「誰に」「どの財産を」「どんな配分」で相続させるか考えます。『書き込みノート』のP.33を下書き用に活用しましょう。
	不備があると無効になってしまう自筆証書遺言。必ずネット等で不備例・失敗例を調べましょう。
	作成したことを家族や、信頼のおける第三者に伝えておきましょう。

1 すべての文、および日付、氏名を**自筆で書く**。縦書きでも横書きでもかまわない。

2 不動産の表示は、登記簿謄本や登記事項証明書の**記載通り**に書く。

3 **預貯金や有価証券**などは金融機関名、支店名、口座種別と口座番号を明記。客観的に特定できるように書く。

4 **相続人・受遺者**（遺贈の相手）を書くときは、初出の箇所に続柄と名前に加えて生年月日を並記し、確実を期すとよい。

5 加除や訂正は決められた方式で。まず**加除訂正した部分に押印**し、次に、余白に変更した旨を付記して署名。押印は⑧と同じ印鑑を使う。

6 **法定相続人**に対しては「**相続させる**」、法定相続人以外の第三者に対しては「**遺贈する**」という言葉を使う。

7 **遺言執行者**を立てる場合は、ここで指定する。

8 和暦でも西暦でもかまわないので、**作成年月日**を。「吉日」などの表現は無効。住所はなくてもよいが、**日付、署名、押印**の一つでも欠けると無効。また**ゴム印による押印は無効**。署名は戸籍通りの文字をフルネームで。

その他	● 鉛筆や消せるボールペンは、改ざんを防ぐために使用を避ける。
	● 判読しやすい柄のない用紙に書く。法務局預かりにする場合は**A4サイズを推奨**。
	● 加除訂正が多くなってしまったら、廃棄して書き直したほうがよい。
	● 書き終えたら封筒に入れ、「**遺言書在中**」と表書きし、裏には作成年月日を記入、および署名・押印する。最後に必ず封をする。

「遺留分」にきちんと配慮しましたか?

　相続において遺言は何よりも優先されますが、かといって、特定の相続人や第三者に全財産を譲るような内容だと、本来は遺産を継ぐ権利のある人が、全く受け取れなくなってしまいます。法定相続人の権利や利益を守るために、民法が最低限の取り分を保障していて、それを「**遺留分**」といいます。

　遺留分を法定相続人に残さないような遺言内容は、トラブルのもとになります。気をつけましょう。

※きょうだいに遺留分は認められていません。

●相続人が配偶者と子

●相続人が配偶者と親

●相続人が親のみ

遺言の不備の例

● 「私の全財産を子Aに相続させる」←**土地や口座等の情報がなく、財産を特定していない**

● 不動産を住所で書いてしまった。←登記簿謄本の通りに書かないと×

● 土地だけに触れ建物を書かなかった。←漏れの分は分割協議になってしまう

● 「託す」「管理させる」という言葉を使った。←**相続の概念から外れていてあいまい**

● 「A口座を子Bと子Cに相続させる。←割合の指定がなく、分割協議が必要

遺言書

遺言者　学研太郎（1945年12月5日生）は、下記の通り遺言する。

1. 私は、私の有する次の財産を妻・学研花子（1947年8月1日生）に<u>相続させる</u>。
   （1）土地　東京都中央区本町1丁目○番○号
   　　　宅地　81.24平方メートル
   （2）建物　同所同番地　家屋番号　○番○号
   　　　木造瓦葺2階建て居宅1棟
   　　　床面積　1階　35.54平方メートル　2階　35.54平方メートル
   （3）前記家屋内の家財・家具・什器等一切の財産

2. 私は、私の有する次の財産を、長女・田中和子（1970年5月8日生）、
   長男・学研一也（1972年3月4日生）に相続させる。
   相続割合はそれぞれ二分の一ずつとする。
   （1）遺言者名義の預貯金および債券
   　　　①やまと銀行　銀座支店　普通預金（口座番号1122334）
   　　　②山友~~エンジン~~株式会社の株式1万株
   　　　エンジニアリング ⑭

3. 私は、孫・田中有子（1997年10月21日生）に、
   愛犬ジョンを引き取り面倒をみることを条件に現金120万円を遺贈する。

4. 一也の妻・洋子（1976年2月11日生）には、私の介護に誠意をもって
   尽くしてくれたことへの感謝の気持ちとして、次の財産を<u>遺贈する</u>。
   （1）ゆうびん銀行の遺言者名義の貯金（記号11220番号123451）全額

5. 私は、本遺言の遺言執行人として長女・和子を指定する。

6. 付言事項
   家族みんなのおかげで幸せな一生でした。たくさんの思い出をありがとう。
   母さんのこと、よろしく頼みます。

2020年○月○日
遺言者 学研太郎 ⑭

上記2において4字削除8字追加　学研太郎

保管場所はよく考えて

盗難や書き換えを防ぐため、保管は念入りにしたいものですが、死後、肝心な遺言書を家族に見つけてもらえなければ意味がありません。遺言を書いたことを家族に伝え、保管場所や預けた相手を必ず『書き込みノート』に書くようにしてください。

遺言は何度でも変更可能

遺言の変更や撤回はいつでも、何度でもできます。ただし、公正証書による遺言は原本が公証役場に保管されているため、手元にある正本を破棄・変更しても無効です。新たな遺言書を作り直しましょう。

遺言書が2通以上ある場合には、日付の最も新しいものが有効とされます。

専門家への相談で
費用以上に気をつけたいこと

　本書のテーマに関係する事柄では、実際にどんな相談が専門家に寄せられているのでしょうか。

　本書の監修を務める特定行政書士の河橋祥代さんにうかがうと、最も多いのは遺言の相談だそうです。そして、相談者が自分で書いた遺言（自筆証書遺言※P.29参照）は、形式に不備があったり内容に問題があったりで、残念ながら、そのままだと法的に無効になってしまうものがほとんどだといいます。

　では、どうしたらいいのでしょうか。

　「やはり『損して得とれ』ではありませんが、専門家に費用を払い、相談を重ねながら遺言書を書いてもらうのが、いちばん安心だと思います」と河橋さん。それが結局はトラブルを未然に防ぎ、相続を円満にする秘訣だそうです。

　司法書士や行政書士の場合の遺言書作成の相場は、1通10万円前後。「1通3万円から」など、破格の料金設定をしている専門家も中にはいるようですが、たいていの場合、それは書類作成だけの費用で、結局は面談料／調査料／公証役場立ち会い料……などのように積み増しされ、トータルは10万円くらいかかるとのこと。

　それを高いと見るか、妥当と見るか、「ポイントは内訳にあります」と河橋さん。

　「10万円に面談が3回程度しか含まれていない場合は、少し親身さに欠けると私は思います。大まかな希望を聞くのが初回面談。最後に公証役場に付き添うのが1回。すると、実質1〜2回の面談で遺言を作り上げるわけですが、それではあまりに急ごしらえ。実直とは言えず、首を傾げてしまいます。

　本来遺言は十人十色。相談者のケース・バイ・ケースの事情を、ていねいに汲み取ってかたちにする作業です。初回から完成までに4〜5回は面談があってほしいなと思います」。

　相談にのってほしい専門家が見つかったら、料金のことと同時に、面談回数もさりげなくたずねてみましょう。親身になってくれる人に出会いたいものですね。

　なお、公証役場の公証人は、法的に不備がないかのチェックはしてくれますが、遺言の「中身」に関してまで相談にのってくれることは少ないそうです。この点も注意しましょう。

part

3

自分の
「今」を知る

―財産の把握と整理―

人生の棚卸しをしておきたい項目は

じつに多岐にわたります。

家族に財産情報を書き残さなければいけない理由と、

残さなかった場合のトラブルを知っておきましょう。

エンディングへ向けて

財産の具体的な整理法もわかります。

財産を把握・整理する❶ ▶▶▶

まずは財産の把握から

本書『書き込みノート』の財産のページを見て、「こんなに書くのか……」とため息をついた人も多いことでしょう。実際、金融機関の口座からクレジットカード、不動産に生命保険や年金まで、財産を把握しようと思ったら内容は多岐にわたります。

自分の預貯金の額や土地・建物の評価額は大まかにだがわかっているし、どこそこで何本の保険を掛けているかくらいは覚えている。しかし、果たして全貌は？　それがすぐに言える人は、意外に少ないのではないでしょうか。

しかし、終活をするにあたって、自分の財産をきちんと把握することは欠かせない作業です。知ることは整理することにもつながりますし、同時に、ノートを通じて家族に財産を知らせることは、あなたの死後、家族の負担を大きく減らすことに直結します。

情報を残すのは「家族のため」

もし、どの銀行や証券会社に口座があるか、手がかりがないまま本人が亡くなったり、認知症になったりしてしまうと、家族は大変な思い

エンディングに向けお金まわりで考えていくべきこと

人生の道行きは予想も予測もできないため、「いつすべきか」は明言できませんが、エンディングを考えるなら、徐々にでも進めておきたいお金まわりのことをまとめました。どれもあなたが生前に整理やその手続きをしておけば、家族の負担がぐっと楽になるものばかりです。口座の数だけ、カードの枚数だけ、家族が苦労すると考えましょう。

☐ 預貯金口座のスリム化

少額しか入っていない口座、長らく使っていない口座は解約し、**3〜4口座程度にまとめ**ます。ネット銀行の口座も同様。近年の法改正で、10年以上取引のない休眠口座の預貯金は公的な機関に移管されることになったため、とくに対処が必要です。同時に、公共料金などの引き落とし口座がバラついていたら、これらも**一本化**していきましょう。

☐ 定期預金の解約

自動継続という制度があるために、満期解約のタイミングを逃しがちな定期預金。将来自分の足で金融機関に出向くのが難しい状態になると、一気に厄介な存在になります。超低金利時代の今、**定期預金にしておくメリットはありません**。元気なうちに下記どちらかの方法をとっておきましょう。

●**自動解約**……次の満期が来たら、金利ともども普通預金に組み入れられる。

●**満期前解約**……金利は少し下がるものの、満期を待たずに解約できる。

☐ 子ども名義の預貯金の対処

たとえ名義が子や孫になっていても、積立の実態はあなた。死後は**相続財産**として扱われ、子にスムーズに渡りません。P.36のコラムを参照し、早めの対策を。

☐ 貸金庫の見直し・解約

あなたの死後は貸金庫の中身も相続の対象となって、扱いが厳格に。たくさん書類を用意したうえで、相続人が一堂に会さないと**貸金庫は開けられなく**なり、子にとって非常に面倒な存在になります。

●**不動産の権利書など、中身が書類程度**……早めの解約を。

●**中身が貴重、解約したくない**……遺言で「遺言執行者」を決め、貸金庫を開ける権限を与えておく。同時に、遺言書を貸金庫に入れるのは避ける。または最低限の対処として、あらかじめ代理人を立てておく（代理人は本人の代わりに貸金庫を開閉できる）。

をすることになります。極端な話、金融機関を一軒一軒訪ね、「住所○○、電話番号△△で登録している、学研太郎という者の口座はないでしょうか」と聞いて回ることになるかもしれません。あるいはあなたがピンチのときに、必要なお金を下ろせないかもしれません。財産のすべてを書き残すことは家族へのやさしさになるのだと、肝に銘じてがんばりましょう。

あなたが遺言を残すつもりなら、財産全体の把握はそこでも役立ちます。「誰に、何を残すか」を考える手立てになるからです。ただし、ノートに法的な効力はありません。

死んだら、金融機関の口座が凍結されるって本当?

正確には、金融機関があなたの死を知った時点で口座は凍結され、たとえ家族であれ、故人の口座に勝手に手をつけられなくなります。そうすることで遺産相続の無用なトラブルを予防するのです。

しかし先年、法改正があり、「**預貯金の払い戻し制度**」が始まりました。これにより、葬儀代や遺族の当面の生活費などとして、必要なお金の引き出しは凍結後でもできるようになりました。ただし、好きな額を引き出せるわけではありません。法定相続人の人数などにより上限が決まっています。また、引き出す人が法定相続人である証明書、相続人の数を証明する書類など、必要な手続きと書類が多く煩雑です。

もし、あなたが葬儀代を自分で用立てる心づもりなら、金融機関の口座を経ずに済む「**葬儀保険**」のかたちで用意したり、日頃から家族に「そろそろと思ったら、お金を下ろしてかまわない」という旨と共に、**口座情報を伝えておく**ような配慮をすると、家族はとても助かるでしょう。

☐ クレジットカード類のスリム化

クレジットカードは、持っている数だけ悪用や不正使用の可能性を広げます。あなたの死後、子が解約して回る苦労も考え、頻繁に使うもの以外は早めに解約を。

☐ 不動産の登記確認

住んでいる土地と建物が登記簿上「あなたの名義」になっているか、確認しておきましょう。固定資産税を払っていれば問題ないと思って、名義変更を放置していませんか? あなた名義になっていない不動産は、相続のときに**厄介の種**になります。

☐ 株式など有価証券の整理・処分

株式の相続は、預貯金の相続以上に手数がかかります。株取引で暮らしているのでなければ、元気なうちに**株を現金化**して家族の負担を減らしましょう。ネット証券口座も同様です。

☐ 電子マネー、電子決済機能

プリペイド残額が減ったときに現金などでチャージするタイプはそう心配いりませんが、上限額なしで銀行口座やクレジットカードと紐づけられているタイプ(**オートチャージ式**)は注意が必要です。頻繁に使うもの以外は**整理・解約**を。

暗証番号やパスワードは別の専用メモ帳に

万が一、ノートを第三者に見られて悪用されることのないよう、口座の暗証番号やパスワードは専用のメモ帳に書き留めるようにしてください。パスワードを変更したら、その都度メモ帳のほうも書き換えることも忘れずに。

☐ 生命保険や医療保険のスリム化

付き合いで入ったり、たくさん掛けておけばなんとなく安心できたりと、全般に保険は「掛けすぎ」傾向にあります。もう大きな死亡保障は必要ないのでは? 保険内容を見直して、**スリム化**に努めましょう(P.38参照)。

☐ 生命保険の受取人の変更

「持ち家は同居の息子に譲ろうと思うが、ほかの子に継がせるものがない」といった場合に、生命保険はいい相続の手段となります。受取人を書き換えることを検討しましょう(P.38参照)。

子などの名義貯金に要注意

2015年に相続税法の見直しがはかられ、基礎控除額（◯万円までの遺産に関しては相続税の対象としない、という額）が大きく減らされるなど、近年、遺産と相続に対して厳格な動きが強まっています。以前は「富裕層だけにかかるもの」というイメージだった相続税は、今や一般庶民にも当てはまるものに変わってきています。

そうした変化に伴い、ひと昔前は当たり前のように作られていた子ども名義の預貯金、子ども名義の証券などにも、厳しい目が向けられるようになりました。税務署としては、「実質的にあなたが出したお金は、あなたの遺産としてチェックさせてもらいますよ」ということです。

もし、財産に相続税を課されそうな可能性があるなら、早めに生前贈与などのしかるべき対策をとることをおすすめします。

負の遺産も受け継がれる

相続では、借金やローン、知人の借金の連帯保証といった「負の遺産」も受け継がれる対象

「子ども名義」の預貯金はNG！

いつか子どもに役立ててもらいたいと、せっせと貯めた「子ども名義」の預貯金。この親心が今、残念ながらムダに終わる状況になっています。というのも、相続に対する見方がシビアになり、いくら子ども名義であっても、払ったのは親＝つまり親の財産であると見なされ、相続の際に「遺産」として扱われるのです。

子ども名義の預貯金はすぐに解約し、お金を自分名義の口座に戻しましょう。それが対策の基本。そして数年かけ、こつこつと子に生前贈与をするのが得策です

（右ページ参照）。また、解約したお金を「生前贈与付き保険」や「生命保険信託」の資金とする手もあります（P.39参照）

名義預金を解約したあと、お金を子に一括で生前贈与してもかまいませんが、基礎控除額110万円を超えた分には贈与税がかかります。

上記の一切は、夫が積み立てた「妻名義」の預貯金や、「孫名義」の預貯金の場合も同じです。

家族の方へ

「法定相続情報証明制度」で手続きが少し楽に

以前は、人が死んで相続が発生すると、金融機関の口座や不動産の名義変更、相続税の申告などのたびに、子など相続人が戸籍謄本類の束を抱えて走り回るのが常でした。「故人はこんな生涯を送り、こんな家族構成で、ついては法定相続人がこれだけいます」「これが法定相続人の素性です」といったことを証明する数多くの書類が、しかも、口座や申告のたびに必要だったのです。そのため、手間と金銭的な負担は相当なものがありました。

それを改善するために2017年にスタートしたのが、「法定相続情報証明制度」です。一度は書類をかき集め、相続一覧図を作らなければなりませんが、一旦それを法務局に届け出て承認されると、次

からは一覧図の写しが戸籍謄本類の束にとって代わることができるようになったのです。

一覧図だけで相続手続きが済むわけではなく、一部この制度に対応していない金融機関もあるなど、「万能の制度」ではありませんが、おおむね相続手続きが3か所以上ある場合は、利用するメリットが大きいと歓迎されているようです。

法定相続情報証明制度が使える主な手続き
●不動産の登記
●車や船舶の登記
●預貯金の名義変更や解約
●株式の名義変更や解約
●相続税の申告

となります。相続人はプラスとマイナスを全体的に考慮して、マイナスのほうが大きければ「相続放棄」という手段をとることもできるので、恥などと思わず、必ずノートには負債の類も漏れなく明記しましょう。しっかり記録に残すことは、家族を無用なトラブルから守ることにもつながります。

口約束で借用書がない、連帯保証人の自分には借用書の写しが渡されていないといった場合は、これを機に、先方にきちんと書類を作ってもらい、保管しましょう。

生前贈与（暦年贈与）を考える

財産を把握し、「どうやら自分の遺産は相続税課税の対象となりそうだ」とわかったら、今のうちから「生前贈与（暦年贈与）」を始めるのが得策です。暦年贈与とは、1年間に贈与を受けた金額が**110万円以下**であれば、贈与税が控除され、申告も不要という制度のこと。この方式の積み重ねでこつこつと贈与することから、「暦年」の名がついています。

あなたが子に1000万円を一度に贈与したら、110万円を超えた分の890万円に対し、267万円の贈与税がかかりますが、年に100万円程度を10年かけて贈与した場合には、贈与税は0円。相続税の課税対象となる財産を減らすことができるうえに、贈与税の節税効果もあるのです。

ただし、暦年贈与には注意点があります。「毎年100万円ずつ子名義の口座に積み立てる」という形式をとったとき、あとから税務署に「**相続税逃れのために計画的に資産を分散させた＝定期贈与**」と見なされ、結局は相続財産として扱われる可能性が高いのです。申告漏れを指摘され、追徴課税を支払わないとならないケース

夫が死んでも、家に妻が住み続けられるように

「夫の遺産を別居の子と分けたら、住む家を失った」……経済基盤の弱い女性たちが晩年にこんなトラブルに見舞われるのを防ぐため、夫の死後も妻が家に住み続けられる権利「**配偶者居住権**」が新設されました。たとえば、遺産が2000万円の家と2000万円の預貯金だった場合、以前なら（法定相続分で分割すると）妻は家か現金か、という2択しかありませんでした。

新設された「配偶者居住権」は、簡単にいうと、家を所有権1000万円と居住権1000万円に分けるもの（金額は仮定）。妻は居住権の1000万円と、預貯金からの1000万円を受け取れ、生活の心配がぐっと減ります。

ただし、妻が広い家にひとりで住むのを望まない場合もあれば、別居の子が、住むわけでもない家の固定資産税を払い続けることに納得がいかず、もめる可能性などもあります。生前に家族で協議しておくことが望ましいでしょう。

がかなりの割合に上ります。

暦年贈与に踏み切るならば、定期贈与と見なされない対策をしっかりとりましょう（下記参照）。

まちがえやすい「110万円の壁」

110万円の控除は「受け取り側」を基準とします。

ある年に3人の子が110万円ずつ贈与されても、それぞれ無税

1人の子がある年に両親から110万円ずつ贈与されたら、計220万円→贈与税発生

なお、死からさかのぼって3年以内に行われた贈与は、生前贈与として扱われず、相続遺産の一部としてカウントされます。「死を目前にした贈与」は無効なのです。

暦年贈与をスマートに行うポイント

①贈与契約書を作成する ……親子間などでも面倒がらず贈与のたびに作りましょう。
②口座を子（贈与を受ける側）が作り、通帳・印鑑も子が所有・管理する
……名義預金と見なされないように、子がいつでもお金を自由にできる状態にしておきます。
③振込などで贈与の証拠を残す ……契約に基づいた公明正大な贈与だという証拠とします。
④贈与額をバラつかせる
……ある年は99万円、翌年は108万円など、計画的な贈与にならないように工夫します。

保険について考える

NOTE
28〜29ページ

たいてい保険を掛けすぎている

昭和生まれの親世代には、保険を掛けすぎている例が多く見受けられます。掛けていれば掛けているだけ安心できるような保険神話のせいもあり、昔は言われるがまま、付き合いで保険に加入することがよくありました。

しかし、よく考えてみてください。歳をとった今、「自分の身に何かあっては大変」と若い時分に加入した保険は、そのまま必要でしょうか。

「住宅ローンは完済し、マンションはとっくに持ち家になっている。数千万円の死亡保険金なんて多すぎないだろうか？」など、改めて考えてみるきっかけにしましょう。契約内容のスリム化や、時には思いきって解約も視野に入れれば、払う保険料をぐっと安くできる可能性も出てきます。

なお、言うまでもありませんが、保険金はこちらから請求しないと支払われません。死亡保険金の請求には時効もあります（3年）。人知れず保険金が眠ったまま……ということにならないよう、掛けている保険はくまなく『書き込みノート』に記入しましょう。

保険は相続に有利な面も

一方、保険には、相続税対策に有効という側

保険のムダを見直す5つのポイント

☐ 保険を解約する

生命保険、医療保険、がん保険、傷害保険を全般に見渡し、不要なものは切り捨てます。とくに医療保険は掛けすぎに注意。限度を超えて医療費が高かったときに、国が補助する制度＝「高額療養費制度」があるので、過度に手厚い保険は必要ありません。

☐ 保険の保障額を安くする

死亡保障で受け取る額や医療保障で受け取る額をチェック。多すぎてムダだと感じたら額を下げるようにすると、支払う保険料は安くなります。

☐ 保険の特約をスリムにする

掛けている保険にさまざまな特約がついていませんか？　あっちの保険にもこっちの保険にもがん特約、といった具合になっていたら、絞りましょう。

高額療養費制度

年齢と収入によって、医療費の自己負担額（月額）の上限が決まっています。たとえば70歳以上で所得額が一般的な人なら、外来は18,000円、入院を含めても57,600円を超えた分は後日戻ってくる制度です。
（※個室代などの差額ベッド代や食事代は対象外）

☐ 受取人を変更する

受取人は必ずしも「夫→妻」「妻→夫」である必要はありません。右ページも参考にして、「親→子」などの選択肢も考えてみましょう。親が2人とも認知症になったら、財産を有効に生かせません。

☐ 新しい保険に入り直す

死後、相続税が発生しそうな場合は、相続税対策となる新しい保険を考えてみてもいいかもしれません（右ページ参照）。

面もあります。生命保険の死亡保険金には、相続税の基礎控除額（3000万円＋法定相続人数×600万円）とは別に、非課税枠（500万円×法定相続人数）が設けられているからです。これはかなり有利です。

また、相続人が受け取る保険金は現金なので、もし相続税を納めなければならなくなったときも、ストレートに税金に回せるというメリットもあります。これが不動産だと、納税の前に現金化が必要になります。

エンディングに向けていま一度、掛けている保険の全体像を見渡してみましょう。

保険を使って相続を円満に

子どもに譲る財産の大半が土地・家屋、というケースは多いもの。あなたが今住んでいる家と土地を子どもたちが死後に売り、現金化して分け合うような場合はいいのですが、問題は、あなたと子（たとえば長男など）が同居しているようなケースです。

家と土地を売って分けようとすれば、長男は住み家を失い、長男の住まいを優先すれば、ほかの子に不公平に……。

そんなときに現金があれば、「**代償金**」として相続を調整できます。終身タイプの生命保険を掛け、受取人を長男以外の子にするのです。

とはいえ、家計と掛け金のバランスは大切。現在や余生の生活費を圧迫するような無謀な掛け方は本末転倒です。進める場合は、よく検討してからにしましょう。

「生前贈与付き保険」という新しい節税

「どうやら自分の財産には相続税がかかりそうだ」という人に、近年注目されている節税対策があります。それが「**生前贈与付き保険**」。生前贈与（P.37参照）は上手に行わないと、贈与税がかかったり、贈与と見なされず相続税がかかったりと、難しい側面があり、それらをクリアする方策として誕生しました。

あなた（契約者）があなたに掛ける（被保険者）終身型生命保険のひとつですが、亡くなったときに払われる死亡保険金が主たる目的ではありません。あなたが生きているうちに年に１回払われる「**生存給付金**」を、子などに**贈与できる**ことに意味があります。

ただし、あくまでも「保険商品」でありデメリットもあるため、検討は慎重に。保険金額で無理をしないほか、贈与する相手である子や孫と一緒に商品選びをするなど、情報の共有もしておいたほうがいいでしょう。

また、商品設計は少し異なりますが、あなたの死後、定期的に受取人にお金が渡るようにする「生命保険信託」も、財産を生前に有効活用する手立てとして注目されています。

> **デメリット**
> ●外貨で運用する商品も多く、円高リスクも
> ●仕組みが複雑でわかりにくい
> ●手数料などのコストが高い

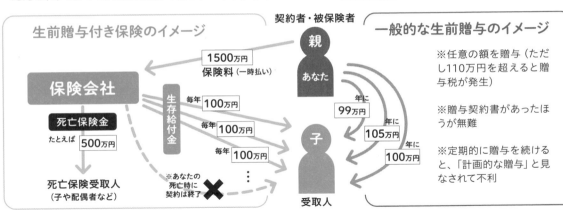

生前贈与付き保険のイメージ

保険会社 → 1500万円 保険料（一時払い）

死亡保険金 たとえば 500万円

死亡保険受取人（子や配偶者など）

生存給付金 毎年 100万円 / 毎年 100万円 / 毎年 100万円 ……

※あなたの死亡時に契約は終了 ✕

契約者・被保険者 親 あなた

一般的な生前贈与のイメージ

※任意の額を贈与（ただし110万円を超えると贈与税が発生）

※贈与契約書があったほうが無難

※定期的に贈与を続けると、「計画的な贈与」と見なされて不利

子 年に 99万円 / 年に 105万円 / 年に 100万円

受取人

デジタル資産のしまい方❶

■ 情報を「書き残す」ことが家族へのいちばんの配慮

パソコンやスマートフォンの普及で、いろいろなことが手元で行える便利な世の中になりました。しかし、その反面「デジタル資産」も急増し、処分の難しさが終活における新たな課題になっています。

デジタル資産といっても、機器から写真や動画などのデータ、オンライン金融資産まで、種類はさまざまで、あなたがどの程度デジタルライフを楽しんでいるかによって、個人差もかなりあ

ります。具体的な種類やしまい方は後述しますが、このデジタル資産の処分が難しい理由のひとつには、セキュリティの問題があります。あなたの死後、まず中身を確かめようにも、パスワードがわからないと家族は開くこともできません。ましてや全貌を把握し、対処するなど、計り知れない苦労を強いられることになります。

そんな負担をかけないためにも、ログインのためのIDやパスワードを書き残すことは、最低限必要な作業です。そして面倒でも、「メモ」というアナログな手段で残すのがいちばん。本書

デジタルの終活はこう進める

① 「死後、見てほしいデータ」と「見てほしくないデータ」に仕分けする

身近な人に託したいデータと、人目から隠したいデータを拾い出し、それぞれフォルダを作って仕分けします。パソコンだけでなく、外部記憶媒体やオンラインストレージでも同様の作業を行いましょう。

② 見つけやすいところに保存する

人に託したいデータはわかりやすいフォルダ名をつけ、デスクトップなど見つけやすい場所に置いておきます。その保存場所はノートに残しましょう。

③ 「見てほしくないデータ」は自衛する

一方、人目から隠したいデータは、下記❶❷など自衛のための処理を行います。

ただし、これらはパソコンのスキルに自信のある人向け。自信がない人は、家族を信頼し、「○○という名のフォルダは開かず削除してほしい」とノートに書き残すのがいちばんです。

❶フォルダ暗号化ソフトを使ってフォルダにロックをかけ、開かないようにする。

❷一定期間パソコンが起動されなかったときなどに、特定のデータやフォルダを自動で消去してくれるソフトを使う。

④ オンライン金融資産を整理する

通常の銀行口座などと同様、ネット銀行・証券の口座も整理することが肝要です。オンライン口座は通帳類がないだけに家族は把握しづらく、苦労をかけることになります。残すことにしたオンライン口座の情報は必ず書き残しましょう。

⑤ ユーザーIDやパスワードを書き残す

パソコンやスマホなどの機器から、ネットショッピング、SNSまで、できる限りログインに必要なIDとパスワードの情報を書き残します。この小さな作業の積み重ねが、家族への大きな助けになります。とくにお金のからむサービスは、漏れのないよう気をつけましょう。

『書き込みノート』には、注意喚起の手段としてパスワードを書き込む欄を設けていますが、できればそこには書き込まないようにしてください。パスワードや暗証番号用のメモ帳を別に1冊用意し、そこに書き残すようにすると、リスクが分散できます。

もし、忘れてしまったパスワードがあるなら、そのまま放り出さず、「パスワードを思い出せないときは」などウェブサイトの案内に従って新しいパスワードを再設定し、きちんと書き残すことを心がけましょう。

スマホならではの注意点

左下のコラムで、撮りためた写真や動画の仕分けを推奨していますが、スマホの場合、そういう対処はほぼできないと思ってください。機器の特性上、ユーザーが好きにフォルダを作成したり、データを移動させたりすることが難しいからです。「見ないで捨ててほしいもの」があるなら、早めにパソコンやオンラインストレージに移し、**スマホからはデータを削除**するのがおすすめです。仕分け作業はパソコン上で行いましょう。

なお、日頃スマホで指紋認証や顔認証を使っている場合は、必ずパスワードなど「手動入力」による**第2のロック解除方法**を設定しておくことをお忘れなく。そうでないと、もしものときに家族がスマホを開けません。パスワードはもちろん記録に残してください。

デジタル遺産にまつわるトラブル例

データ流出で勤務先に損害

自宅へデータを持ち帰ったり、自宅から勤務先のデータにアクセスしたり、よかれと思ってしていた自宅仕事がトラブルのもとになるケースです。Aさんの死後、社外秘データの存在に気づかず家族がパソコンを使い続けている間にウイルスに感染、データが流出してしまい、勤務先から損害賠償を求められました。

パソコンを廃棄しても、消去が完全でなかったためにデータが流出する場合もあります。リモートワークが増えている昨今、十分起こり得るトラブルです。

オンライン口座が相続の火種に

このケースは、Bさんがネット銀行の口座のことを家族に伝えずに亡くなったことが原因でした。遺産分割が済んでしばらく経ってから、同居の息子がパソコン上で発見したネット口座には、数百万円の預金が……。しかも、息子が黙って自分の口座にお金を移したことがあとで発覚し、きょうだい間のいさかいに発展してしまいました。

一方、口座が発見されずじまいというのも、残念なケースです。資産が人知れず宙に浮いたままということになってしまいます。

放置されたFX取引で多額の損失

有価証券のネット取引のうちでも厄介なのは、そもそも取引のリスクが高いFXや先物です。事務的な連絡はもちろん、取引報告書の発行などもメールやネット上で完結することがほとんどで、故人が取引していたこと自体を多くの家族が知りません。

Cさんのケースも同様で、死後、口座が放置されていた間にも取引はどんどん継続され、相場の急変動によって、1千万円を超える大損失を家族がかぶることになってしまいました。

不倫の証拠が明るみに

「趣味嗜好」分野のデータがトラブルの種になるのは、珍しいことではありません。死後、パソコンやスマホからわいせつな写真や動画が見つかるのは、故人として恥でしょうし、家族もいい気分はしないでしょう。しかし、より深く家族を傷つけることになるのは、不倫やくせの強い性的嗜好などが発覚すること。写真や動画だけでなく、メールやLINEのやり取りから明るみに出ることもあります。「いつか死ぬまでには片付けよう」と思っていても、死は突然に訪れることもあるのです。

デジタル資産のしまい方❷

■ SNSも厄介ごとの端緒に

FacebookやLINEなど、コミュニケーションの手段として人気のSNS（ソーシャル・ネットワーキング・サービス）ですが、終活においてはやはり注意が必要です。

あなたの死後、家族がSNSの存在を知らずにアカウントが放置されたままになっていると、ウェブ上であなたは生存し続けることになります。死後に「誕生日おめでとう」というメッセージが届いたら？　家族はきっとやりきれない思いをすることでしょう。

あるいは、突然あなたからの連絡がなくなったことを「裏切られた」「腹立たしい」などと思う友人も出てくるかもしれません。

より深刻なのは、放置されたアカウントが乗っ取られ、なりすましによるトラブルが起こることです。乗っ取った第三者がデマを発信したり、悪口を投稿したりすれば、あなたや家族の名誉を傷つけることになりますし、誹謗中傷にさらされる危険性もあります。これは実名で行うFacebookであれ、匿名性の高いTwitterであれ、同様です。

やり取りのあるSNSはノートにきちんと記録を残し、家族が適切な処置をとれるようにしておきましょう。

デジタル資産の種類と、終活に向けてやるべきこと

 重要度の高さを表し、早めにノートに情報を残すことが望ましいものです

✖ 死後、処分や停止をせずに放置することで起こる代表的なトラブルです

デジタル機器

例 パソコンやタブレット、スマホや携帯電話

✖ 開けられない　✖ 処分できない

ログインのためのパスワードや、ロック解除のためのパスワードを必ず記録に残します。ないと家族がまったく対処できません。

外部記憶媒体

例 外付けハードディスク、USBメモリ、SDカード、CD・DVDなどのディスク類

✖ 開けられない　✖ 処分できない

媒体のありかを記録し、設定してあるならロック解除のためのパスワードも記録に残します。

デジタル機器の中のデータ

例 文書や書類、写真、動画

✖ 恥になるデータを見られてしまう

「死後、見てほしいもの」と「見てほしくないもの」に仕分けしたら、適切に保存したり、自衛手段をとったりします（P.40参照）。

オンライン金融サービス

例 ネット銀行、ネット証券、電子決済、暗号資産（仮想通貨）

✖ 資産が宙に浮く　✖ 取引が止められない

口座情報とログインID・パスワードを必ず記録に残します。口座開設時の書類もまとめて保管しておきましょう。FXや先物取引などリスクの高い金融取引を行っている人は、自分に何かあったときはまっ先に止めてもらえるよう、日頃から家族に話しておくことも大切です。

ネットショッピング関連

例 Amazon、楽天、Yahoo！ショッピングなど eコマースサイト全般

✖ アカウントの乗っ取り　✖ 高額の買い物をされる

会員IDとパスワードを記録に残すと共に、めったに買い物をしないショッピングサイトに対しては、退会したりクレジットカード情報を削除したりして、安全対策をとりましょう。

フリマ（個人間売買）サービス

例 メルカリ、ヤフオク！、ラクマなど

✖ 取引ができない　✖ クレームや訴訟に

出品中の商品がある人は、必ずIDとパスワードを記録に残し、商品も家族にわかるようにしておきます。家族が取引自体に気づかない、商品のありかがわからず送ることができないなどの理由で、トラブルが起こります。

デジタル機器は
どう処分する？

廃棄されたハードディスク（記憶媒体）にデータが残っていて、情報が漏れたり、悪用されたりする事件が増えている昨今、機器の処分はどうしたらいいのでしょうか？　データは「消去」あるいは「初期化」しても、完全に消すことはできません。データ消去用の専用ソフトを使う、専門の業者に委託するなどの手段もありますが、最も確実なのは、**物理的に破壊**することです。

デジタル終活をするうち不要になった記憶媒体は、ディスク部分を取り出して穴をあける、叩き割るなど、処分をしっかり行いましょう。

家族の方へ
その機器、
使い続けますか？

パソコンやスマホなどは法律上「動産」として扱われ、遺産として受け継ぐことができます。ただし、廃棄せずそのまま誰か家族が使い続けるかどうかは、よく考えてからにしましょう。古い機器は最新のセキュリティ事情に追いついておらず、ハッキングなどの攻撃を受けやすいからです。そうしたリスクと、もったいないを理由に使い続けるメリットを十分に秤にかけてください。

定額有料（サブスクリプション）サービス

例 Amazonプライム、Netflix、Apple Music Microsoft 365 など

✘ 存在が知られないまま課金が続く

月額または年額いくらなど定期的に課金されるアプリやサービスは、新聞電子版、音楽配信、動画視聴、電子書籍、ネットゲーム、クラウドサービスなど多岐にわたります。死後すぐに止めてもらえるように、IDとパスワードを記録に残しましょう。

SNS（ソーシャル・ネットワーキング・サービス）

例 Facebook、LINE、Twitter、Instagram など

✘ 連絡が届き続ける　✘ 乗っ取りやなりすまし

ログインIDやパスワードを書き残し、アカウントを停止してもらえるようにします。
LINEなどは、一方的にアカウントを解除すると、やり取りしていた相手には突然音信不通になったように映ります。死亡告知とあいさつをしてから解除するような配慮が、家族に求められる時代かもしれません。
FacebookやInstagramは、死後に近親者からの申し出があれば、「追悼アカウント」として投稿を残すことができます。また、あなたのアカウントに家族が訃報を投稿し、友人・知人へのお知らせとする動きも増えています。

ブログやホームページ

✘ 有料なら課金が続く　✘ 乗っ取りやなりすまし

URLやログイン情報を書き残し、死後は削除してもらえるよう手配します。

メールマガジン

✘ 有料なら課金が続く　✘ 情報が届き続ける

有料のメルマガは、配信を止めてもらえるよう情報を書き残します。終活に向けて、読まないメルマガは早めに打ち切ることも考えましょう。メルマガの文末には必ず配信停止の案内があります。

総合ITサービスのアカウント

例 Googleアカウント、Apple ID、Microsoftアカウント Yahoo！ID など

✘ 乗っ取りやなりすまし　✘ 有料なら課金が続く

AndroidスマホならGoogleアカウント、iPhoneならApple IDを作るよう誘導されていることもあり、何かひとつは持っている人が多いのでは。ログインIDとパスワードを必ず書き残し、死後は削除してもらいましょう。

オンラインストレージ

例 Googleドライブ、OneDrive、iCloud、Dropbox など

✘ データ流出の恐れ　✘ 有料なら課金が続く

クラウド型サービスは家族に存在が知られにくいのが難点。削除してもらえるよう、ログインIDとパスワードを記録しましょう。

ネット接続サービス（プロバイダ）や通信事業者

例 docomo、au、Yahoo!BB、Nifty、OCN、フレッツ光など

✘ 課金が続く

会員IDやパスワードを書き残すと共に、契約時の書類を添えます。

家族の方へ
同居していない親が亡くなった場合などは、契約解除のタイミングに気をつけましょう。早くに通信接続を止めてしまうと、その他もろもろの解約や退会手続きがウェブ上からできなくなってしまい、不便です。

ペットについて考える ▶▶▶

NOTE
18ページ

■ 残されるペットのために

あなたにとって家族同然のペット。自分がもしものときに託す相手は決まっていますか? ペットを不幸にしないためには、前もって安心できる里親を探し、相手の承諾を得ておきたいものです。

里親の候補が見つかったら、自分がどんな状態になったときにお願いしたいのか、費用はどうするかなどを、じっくりと話し合いましょう。ペットとの相性を確認することも大切です。里親候補が身近な人であれば、口頭での約束でもかまいませんが、相手の負担をなるべく軽くするため、えさ代や病院代など、ある程度の飼育費用を渡すような算段も整えておくといいでしょう。

身近でない人に託すことになった場合には、責任をもって面倒をみてもらえるよう、行政書士や司法書士などを通じて下に記した法的な方法をとることも一手です。とはいえ、やはり里親には、あなた自身が信頼できる人を探すことがいちばんです。

里親はどうやって探す?

いちばんは、信頼できる新しい飼い主を自分で探すことです。家族や親族、友人に頼れるならベストですが、ほかに、**かかりつけの動物病院に相談**したり、町会やスーパーの掲示板などに**飼い主募集の貼り紙**をさせてもらうという手もあります。どうしても見つからずに困ったときは、地域の**動物愛護センター**などに相談を。飼い主探しの助言や、協力を頼めるボランティア団体を紹介してくれる可能性があります。

ペットと共に入れる お墓は少ない

愛するペットと共にお墓に入りたいという希望をもつ人は多いのですが、残念ながら、そういうお墓は多くありません。あっても競争率が高く、購入できる人はかなり限られます。また、そういうお墓のほとんどは一般の継承墓で、お墓の継ぎ手がいないケースでは難しいでしょう。もし、「ペットと共に」を強く希望するのであれば、**散骨**を考えてみてはどうでしょうか。散骨の専門業者には数多くのプランがあります。

ペットを託すさまざまな方法

① 遺言による「負担付き遺贈」

あなたが里親に遺産(の一部)を渡す代わりに、条件としてペットの世話を負担してもらいます。**遺言書の中に**記します。

> 渡す遺産は法外な額でないように気をつけます。法外な額だと、ほかの相続人との間でもめごとが起こりかねません。

② 「負担付き死因贈与」という契約を結ぶ

あなたが里親に遺産(の一部)を渡す代わりに、条件としてペットの世話を負担してもらう契約を**生前に結びます。**

> ①と似ていますが、遺言とは異なり「契約」であるため、確実性は高くなります。

> こちらも法外な金額にしない配慮が必要です。また、相続人とのトラブルを避けるため、公正証書にしておくことがおすすめです。

③ ペットのための「信託契約」を結ぶ

あなたと里親の間で契約を結び、あなたは飼育費用を信託財産として専用の口座に入れ、里親はペットの世話を引き受ける対価として信託財産を受け取ります。

> ただし、まだ発展途上の制度で、整備されているとは言えない状況です。高額の手続き費用も必要です。

part

4

来るべき余生
に向けて

―半生を振り返る意味―

本書『書き込みノート』では、

筆の止まってしまいがちな

「自分について」の項目を必要最低限に減らし、

書きたい方には別のノートに

記すことをおすすめしています。

生い立ちや思い出など、別途書くといいことをまとめました。

「私」のことを書く

NOTE ▶▶▶ 38〜47 ページ

苦手なら自分欄は後回しでも

エンディングノートを書こうとして止めた人、書き始めたけれど断念してしまった人に話を聞くと、「自分について書く項目で、悩んで鉛筆が止まってしまった」「何でこんなことまで書かされるのかと、お節介や負担に感じて閉じてしまった」「書くべきことがなかった」などの答えが返ってきます。

自分史などは積極的に書きたい人がいる一方で、書きたくない人も大勢いて、いろいろです。そのため本書では、あえて、人生の履歴に関する事柄を必要最低限のものだけに絞りました。介護サービスを受けるときに役立つであろう趣味や好みの項目、緊急時や葬儀の際に使うことになる連絡先、死後の手続きで戸籍をたどる作業がしやすくなる情報……などだけで構成しています。

従って、書くことで自らを振り返りたい派の人にはもの足りないかもしれません。

自分史のための「もう1冊」を

そこで提案ですが、本書とは別に未使用のノートを1冊用意し、あなたに関するプライベー

自分に関するこの項目は、なぜ必要?

38〜39ページ

好きなことや趣味、生活習慣

「子どもじゃあるまいし、なぜ今さら好きな食べ物や、自分の性格を書かなきゃならないんだ?」とエンディングノートでいちばん反発を受ける項目です。ところが、これらの情報は、あなたが介護サービスを受ける場面で大いに役立ちます。介護者はあなたの人となりを知り、あなたができるだけ気持ちよく日々を過ごせるよう努力できるからです。

また、葬儀の際も同様です。あなたを送り出すときの飾り付けや趣向などに、家族が生かすことができます。

40〜41ページ

誕生の記録や職歴、居住歴

出身地や生い立ちの情報も、介護の場面に生かされます。とくに認知症になった場合には、昔の思い出ほど記憶に残っているといわれ、コミュニケーションの糸口になります。

なお、職歴は年金記録を、居住歴は戸籍をたどるときに(死後手続きや相続手続きに必要)、書いてあると家族が楽になります。

42〜47ページ

家族や親族、友人の連絡先

危篤のときや訃報に使われます。姓名のほかに「長野のおばちゃん」「たっちゃん」など、普段の呼び名や愛称を書き添えて、家族内にわかりやすくしておきましょう。

友人については、「趣味サークル」「元同僚」など、あなたとの関係性も書いておくと、声をかける際の目安になります。すべての交友録を書こうとせず、「○○仲間ならこの人」といった人物や、とくに親交の深い人を書くようにしましょう。

トな内容や思い出はそこに集約して書き留めるのはどうでしょう？

そしてできれば、自分自身を振り返る作業は、書くことに積極的な人だけでなく、あまり書きたくない人・苦手な人にも挑戦していただくことをおすすめします。

なぜなら、過去を振り返らないまま、情報だけをエンディングノートに書いて人生を総括した気分になるのは、もったいないと思いませんか？　また、これから先の<u>未来へ向くための足元</u>が、なんとなく踏み固まっていないような気がしませんか？

たとえば財産ひとつとっても、ただ口座名と番号を書くのと、「自分のこういう歩みがあった結果として、この財産が形成されたのだったな」と実感しながら書くのとでは、大きな違いがあります。家族もノートを通じてあなたのことをあらためて知り、受け継ぐ重みを感じることができるでしょう。

思いつくまま、筆の向くままでかまいません。自分と家族にだけ通じる、小さな思い出でいいのです。ぜひ、「私」の足跡を書き記すノートをつくってみてください。

別冊ノートに「書くといいこと」

本書『書き込みノート』とは別に、まっさらのノートを1冊用意し、自分について書き留めておくといい事柄をまとめました。気の向くものだけでいいので、書いてみませんか？

人生の歩み・自分年表

本書に書くあなたの履歴は、ごく一部、必然的な事柄のみです。年表のかたちから始めてもいいですし、現在から雑記でさかのぼっていくかたちでもいいので、自身の歩んできた足跡を書き残してみましょう。

大切な人へのメッセージや感謝の言葉

家族や友人など、かけがえのない人へ向けて言葉を残してみるのはどうでしょうか。普段なら照れくさくて口に出せない言葉も、ぜひノートに託してみてください。メッセージを贈られた人には、またとない贈りものになるはずです。葬儀のときに喪主のあいさつで披露されたり、個別に本人に伝えたり、家族の配慮があるかもしれません。

心に残っている出来事・思い出

初めて社会に出たときのことや結婚のこと、子どもが生まれたときのことなど、強く印象に残っている出来事と、そのときに感じた思いなどを。若い頃や壮年期のことを子に話していない人は案外多いもの。書けば、きっと新鮮に受け止めてもらえるでしょう。

家族で共有する思い出も、当時のあなたの気持ちを書き添えると、ひと味違った光景として家族の脳裏によみがえるはずです。

心残りなこと

もし、心残りに思っていること、時を巻き戻せたらやり直したかったことがあれば、書いてみてもいいかもしれません。「これまでの人生でしてきたこと」が、あなたという人間の基盤になっているのと同じくらい、「実行できずに残念に思っていること」もまた、あなたという人間を形作っているはずです。

これからの自分へ向けて

エンディングノートは「書いて終わり」ではありません。これから先の新たな歳月に向けて、一歩を踏み出すためのものでもあります。未来の自分に向けての思いを書きましょう。

■ スペシャルアドバイザー
　山口　俊子

■ 監　修
　手塚　信貴　　オンラインビジネスコンサルタント　『ゴールアクションコーチング』主宰
　河橋　祥代　　特定行政書士　幸恵行政書士事務所 代表
　中里　乙子　　終活カウンセラー　整理アドバイザー　認定心理士
　鈴木　暁子　　社会福祉士　介護支援専門員

■ スタッフ
　編　集　鈴木キャシー裕子　　はっとりみどり（pochevert）
　装丁・本文デザイン　今井悦子（MET）
　企画・制作　新時代対応！ もしものための安心ノート制作チーム

新時代対応！ もしものための安心ノート

2020 年　9 月 8 日　第1刷発行
2022 年　3 月 3 日　第4刷発行
編　　者　学研プラス
発 行 人　中村 公則
編 集 人　滝口 勝弘
企画編集　亀尾 滋
発 行 所　株式会社学研プラス
　　　　　〒141-8415　東京都品川区西五反田2-11-8
印 刷 所　大日本印刷株式会社
Ｄ Ｔ Ｐ　株式会社グレン

＜この本に関する各種お問い合わせ先＞
■本の内容については、下記サイトのお問い合わせフォームよりお願いします。
　https://gakken-plus.co.jp/contact/
■在庫については　Tel 03-6431-1250（販売部）
■不良品（落丁、乱丁）については　Tel 0570-000577
　学研業務センター　〒354-0045 埼玉県入間郡三芳町上富279-1
■上記以外のお問い合わせは　Tel 0570-056-710（学研グループ総合案内）

家族をつなぐ安心情報はこちらから！

デジタル資産のもっと上手なしまい方や、令和時代のデジタルの終活など、本書の補足情報やお役立ち情報が見られます
https://anshin-note.com/

書き込みノート

NOTE

新時代
対応！もしものための
安心ノート

Gakken

書き込みノート

NOTE

新時代
対応！ もしものための
安心ノート

Gakken

はじめに

「人生の折り返し地点も過ぎたことだし、そろそろ終章と向き合ってみようか」。

そんな思いで本書を手に取っている方は、きっと多いことでしょう。

本書はあなたに関する情報と、終章の過ごし方の希望をまとめておくノートです。

これまでに歩んできた道を振り返り、身のまわりや気持ちを一度整理すること。

それは「人生の棚卸し」といえる作業です。

そして、できればその棚卸しは、終活のためだけにするのではなく、

家族とあなたをつなぐためと位置付けて、ノートを書いてみませんか。

たとえば、大切にしている友人・知人のこと、

預貯金や保険のことなど、あなたについての情報を書き留めておけば、

家族はあなたに代わって、いろいろな手続きをスムーズに進めることができます。

家中を探しまわったりせずに済み、大助かりのはずです。

また、あなた抜きで何かの決断をしなくてはならないとき。

家族があなたの思いを知ったうえで選択するのと、

思いを知らず「これでいいのだろうか?」と悩みながら選択するのとでは、

大きな差があります。あなたの考えを前もって伝えておくだけで、

家族の心理的な負担はかなりやわらぐことでしょう。

ノートを書いていると、否応なく死と向き合う必要も出てきて、

気分が重くなることもあるかもしれません。

しかし、人生の棚卸しをすることは、

あなたにとってプラスにこそなれ、決してマイナスにはなりません。

これからの半生へ向かって、しっかりとした一歩を踏み出すきっかけともなることでしょう。

あなたのこれからと、家族のこれからのために、

本書が役に立つことを祈っています。

今後の暮らしを見通すときに

預貯金などの財産や、ローンなどの負債をリストアップすることで、今後に必要な生活資金について考えることができます。また、もしものときに家族がとらなくてはならない手続きもスムーズになります。

突然の病気のとき

かかりつけの病院や病歴、飲んでいる薬など、家族は知っているようで知らないことが多いもの。ノートに記録があれば、リスクの高い処置をあらかじめ回避できたり、スピーディに処置を受けたりすることができます。

こんな場面に役立ちます

ペットのことが心配

自分では世話ができなくなったときに備えて、準備を始めましょう。家族や友人にお願いすることになったとき、かかりつけの動物病院やえさの好みなどがわかっていると、世話する側も安心です。

備忘録代わりに

近年はメールやスマホでのやり取りが多く、住所録をきちんと整理していない人も多いのでは？　パソコンが壊れたりスマホを紛失したりしたときに、ノートの連絡先は役立ちます。また、ログインのためのIDやパスワードも記録しておけば、忘れても安心です。

病気や事故で意識がなくなったら

あなたの判断をあおぐことができないとき、代わりに決断しなければならないのが家族。あなたの意思があらかじめ明らかになっていれば、家族の重圧や苦悩を減らしてあげることができます。

相続で家族への思いを再確認

財産をリストアップすると、おのずと「誰に」「何を」継いでもらうかに考えを巡らすことになります。自分の気持ちを整理して、どんな思いを家族に託すかを考えるきっかけとしましょう。

この本の特徴と書き方のコツ

知りたいことが すぐ引ける

● 本書『書き込みノート』は、からだと医療にまつわる緊急度の高い内容から順に並んでいます。冒頭のp.6-8を最初に書くことをおすすめします。

●ノートを書くときに役立つ情報を、『お助けガイド』にまとめました。対応ページを記してあります。決断を悩んだとき、わからない事柄があるとき、選択肢の背景を知りたいときなどに、参考書感覚で引いてください。

GUIDE
12～19 ページ

●欄が足りなくなりそうなページはあらかじめコピーをとり、記入したら該当ページに貼付しておきましょう。

●取りかかるページを決めたら、最初に「記入日」を書きましょう。後日内容を書き換えたら、日付も修正します。

まっさらのメモ帳も 1冊用意する

金融口座の暗証番号や、パソコン・スマホのパスワードなど、重要情報だけを記す専用のメモ帳を作りましょう。第三者の目から隠したい情報を本書とは別のものに書くことで、安全性が高まります。また、暗証番号やパスワードは「メモ」というアナログな手法で残すのが、最終的に最も確実です。

●p.6-8以外はどこから取り組んでもかまいません。あなたの気持ちが向かいやすい項目から始めるといいでしょう。

●ノートの中身は何度書き換えてかまいません。悩みながら書いたり、書いたもののまた悩んだりは、エンディングノートなら当たり前のことです。気軽に書き換えられるよう、筆記用具は鉛筆や消せるボールペンをおすすめします。

専用の引き出しを 用意する

『書き込みノート』を書き始めると、通帳や契約書など、ひっくり返して確認しないといけない書類が数多く出てきます。ノートを付け始めるにあたり、引き出しを1つ空にして専用スペースにあててみませんか？ ノートの保管場所、書類の保管場所としても重宝します。専用の収納箱でもかまいません。

●チェック欄は、必ずしも選択を1つに絞らなくてかまいません。迷っているときは、気持ちのままに複数の印を付けましょう。

●本書は大切に保管しましょう。ただし、最終的に家族に見てもらえなければ意味がありません。ノートの存在と保管場所のヒントを家族に話しておきましょう。

part

1

「もしも」に備える

―緊急のときのために―

もしものことがあったときに備え、
あなたの基本情報や日頃の健康状態、
緊急の連絡先などについて記しておきましょう。

緊急医療情報

! 救急隊員の方、
医療機関の方へ

本状は「緊急医療情報」として記名本人が提供するものです。

私の基本情報

フリガナ 名前		(旧姓)	性別
			男・女

生年月日　（ 大正 ・ 昭和 ・ 西暦 ）　　　　　　　年　　　　　　月　　　　　　日

身長	cm	体重	kg	血液型	型（RH　＋　－　）

住所　〒

自宅の電話番号	携帯電話番号
FAX番号	メールアドレス

健康保険証
☐ 国民健康保険　　☐ 協会けんぽ　　☐ 組合健保　　☐ 共済組合
☐ 後期高齢者医療保険　　☐ 保険証はない

記号・番号 （被保険者番号）	保険者番号

勤務先や所属団体の名称	部署名

所在地　〒

電話番号

緊急連絡先

名前	続柄・関係	住所

電話番号1	電話番号2

名前	続柄・関係	住所

電話番号1	電話番号2

名前	続柄・関係	住所

電話番号1	電話番号2

と、私のこと

- P.6-8を記入したらコピーをとり、『お助けガイド』のP.6-7に従って緊急医療情報キットを作りましょう。
- 情報を更新したらコピーもとり直しましょう。

記入日　　　　年　　　月　　　日

現在治療中の病気、かかりつけの医療機関について

病院・診療所名	診療科	病名・症状
	担当医	
電話番号		

病院・診療所名	診療科	病名・症状
	担当医	
電話番号		

病院・診療所名	診療科	病名・症状
	担当医	
電話番号		

病院・診療所名	診療科	病名・症状
	担当医	
電話番号		

病院・診療所名	診療科	病名・症状
	担当医	
電話番号		

病院・診療所名	診療科	病名・症状
	担当医	
電話番号		

過去にかかったことのある主な病気（既往症）

病名・症状	時期	病院・診療所名
	年　　月頃	
	年　　月頃	
	年　　月頃	
	年　　月頃	
	年　　月頃	

緊急医療情報と、私のこと ▶▶▶

日頃飲んでいる薬

当てはまるものに印をつけ、＿＿＿＿＿に薬の名前を記入してください。

☐ 心臓病の薬		いつ頃から？
☐ 糖尿病の薬		いつ頃から？
☐ 高血圧の薬		いつ頃から？
☐ 呼吸器系の薬		いつ頃から？
☐ 腎臓病の薬		いつ頃から？
☐ 胃腸病の薬		いつ頃から？
☐ リウマチの薬		いつ頃から？
☐ アレルギーの薬		いつ頃から？
☐ こころの薬		いつ頃から？
☐		いつ頃から？
☐		いつ頃から？

お薬手帳の保管場所

アレルギーについて

☐ なし　　☐ あり　　原因物質と症状

障がいの有無

☐ 視覚　　☐ 聴覚・言語
☐ 身体　　☐ 内部
☐ 知的　　☐ 精神

級

内容

その他、救急隊員や医師に知っておいてもらいたいこと

からだの不自由な部分、ペースメーカー、健康について気になることなど。

本人確認署名欄

以上、私の医療情報の内容にまちがいありません。
搬送や救急処置の参考にしてください。

本人署名

印

part

2

からだのこと

―介護や逝き方について―

どんな介護や医療を受けながら、
人生のラストシーンを迎えたいかを記します。
葬儀やお墓など、「送られ方」も
同時に考えましょう。

介護が必要になったら

▶▶▶  GUIDE 8 ~13 ページ

- 介護が必要になったとき、どんな暮らしを送りたいかを考えます。
- 家族に強要はできませんが、介護の指針になります。
- 書いた内容はキーパーソンにも伝えておきましょう。

記入日　　　年　　月　　日

🖊 介護にまつわる希望

- ☐ 自宅で家族にお願いしたい
- ☐ 自宅でヘルパーなど介護サービスを使いながら暮らしたい
- ☐ 介護施設などで、できるだけ家族に負担をかけず暮らしたい ※下の「施設」の項目へ
- ☐ 家族の判断にまかせる

> 「なぜそう思うか」を書いておきましょう。

🖊 施設について考えていること

- ☐ 以下の施設を検討中
  - ☐ サービス付き高齢者向け住宅
  - ☐ 住宅型有料老人ホーム
  - ☐ 介護付き有料老人ホーム
  - ☐ 認知症対応型グループホーム
  - ☐ その他

> このタイプの施設は、実際には介護が必要になってからでないと入ることはできません。

- ☐ 家族の判断にまかせる
- ☐ とくに考えていない

> 「なぜそう思うか」を書いておきましょう。

🖊 希望する施設があれば書きましょう

施設名　　　　　　　　　　　　　　　　連絡先

所在地

施設名　　　　　　　　　　　　　　　　連絡先

所在地

✎ 私以外の判断が必要になった場合、意見を尊重してほしい人 （介護のキーパーソン）

名前 ＿＿＿＿＿＿＿＿＿＿＿＿＿＿　続柄・関係 ＿＿＿＿＿＿＿＿＿＿＿＿

連絡先 ＿＿＿＿＿＿＿＿＿＿＿＿＿＿＿＿＿＿＿＿＿＿＿＿＿＿＿＿＿＿＿＿

名前 ＿＿＿＿＿＿＿＿＿＿＿＿＿＿　続柄・関係 ＿＿＿＿＿＿＿＿＿＿＿＿

連絡先 ＿＿＿＿＿＿＿＿＿＿＿＿＿＿＿＿＿＿＿＿＿＿＿＿＿＿＿＿＿＿＿＿

> その人にお願いしたい理由を書いておきましょう。

✎ 介護してくれる人に伝えたいこと

- ☐ 無理をせず、負担がかかりすぎない程度にお願いします
- ☐ つらい場合、体調を崩しそうな場合などは、プロの手を借りてください
- ☐ 役割分担をするなど、円満な方法を優先してください
- ☐ 介護の貢献に応じて、寄与料を払います
- ☐ その他 ＿＿＿＿＿＿＿＿＿＿＿＿＿＿＿＿＿＿＿＿＿

✎ 介護の費用について

- ☐ 民間の介護保険に加入している　保険会社名 ＿＿＿＿＿＿＿＿＿＿

　連絡先 ＿＿＿＿＿＿＿＿＿　保険証書の保管場所 ＿＿＿＿＿＿＿＿＿

- ☐ 介護用の預貯金を用意している　金融機関名 ＿＿＿＿＿＿＿＿＿＿
- ☐ 預貯金や年金など私の財産をあててほしい
- ☐ とくに用意していない

✎ 財産を自分で管理できなくなったら

- ☐ 家族にまかせる
- ☐ 家族以外（親戚や友人、弁護士など）にまかせたい　依頼 （ 済 ・ まだ ）

　名前 ＿＿＿＿＿＿＿＿＿＿　連絡先 ＿＿＿＿＿＿＿＿＿＿

- ☐ 任意後見人などの支援者を依頼してある
  - ☐ 任意後見人　　☐ 日常生活自立支援事業　　☐ 代理人（任意代理契約）

　名前 ＿＿＿＿＿＿＿＿＿　続柄・関係 ＿＿＿＿＿＿＿＿＿

　連絡先 ＿＿＿＿＿＿＿＿　公正証書番号 ＿＿年 第＿＿ 号＿＿　公証役場 ＿＿

- ☐ 家族信託を契約している

　受託者 ＿＿＿＿＿＿＿＿＿　連絡先 ＿＿＿＿＿＿＿＿＿

　把握している家族 ＿＿＿＿　公正証書番号 ＿＿年 第＿＿ 号＿＿　公証役場 ＿＿

Ｕ 証書番号と作成公証役場名の情報があれば、公正証書は、再発行が可能です（手数料は必要）。

病気になったら

 ▶▶▶ GUIDE 14〜19 ページ

● 自分の「生き方」と「逝き方」を決める大事な項目です。
● 意思を伝えておくことは、家族の選択の助けにもなります。
●「理由」をきちんと書いておくと、家族が納得しやすくなります。

記入日　　　年　　月　　日

病名や余命の告知について

- ☐ 病名も余命も告知してほしくない
- ☐ 病名のみ告知してほしい
- ☐ 余命が　　　　　ヵ月以上なら　☐病名　☐余命　を告知してほしい
- ☐ 余命にかかわらず、すべて告知してほしい

> 「なぜそう思うか」を書いておきましょう。

口から食べることができなくなったとき

- ☐ 食べられるときに、食べられる量だけ、食べたいものを……でかまわない
- ☐ 経鼻経管栄養の処置をしてほしい
- ☐ 胃ろうの処置をしてほしい
- ☐ 点滴による栄養摂取の処置をしてほしい
- ☐ 家族にまかせる

> 「なぜそう思うか」を書いておきましょう。

延命治療について

- ☐ できる限りの延命治療をしてほしい
- ☐ 回復の見込みがなければ、延命治療はしなくてよい
- ☐ 痛みや苦しみを伴うのであれば、延命治療はしたくない
- ☐ 延命治療よりも、苦痛を減らすような治療をしてほしい
- ☐ 治療をせず、尊厳死を希望する
   書面の作成（　有　・　無　）　保管場所
- ☐ 家族にまかせる

> 「なぜそう思うか」を書いておきましょう。

✏️ 残された時間を過ごしたい場所

看取りケア（緩和ケア）などの希望があれば書きましょう。

✏️ 私が判断不能になった場合、意見を尊重してほしい人

名前 _____ 続柄・関係 _____

連絡先 _____

名前 _____ 続柄・関係 _____

連絡先 _____

✏️ 臓器提供について

☐ 希望しない

☐ 臓器提供を希望する　（ ☐脳死後　　☐心停止後　）

✏️ 臓器提供の意思表示

☐ 臓器提供意思表示カードに記入　　保管場所 _____

☐ 健康保険証、運転免許証などに記入　保管場所 _____

☐ ウェブサイトで意思登録済み　　ID _____ パスワード _____

☐ アイバンクに登録　　　　　　　登録先 _____

　　　　　　　　　　　　　　　　連絡先 _____

✏️ 献体について

☐ 希望しない

☐ 献体を希望する　登録書類（　有　・　無　）　保管場所 _____

　　登録先 _____　　連絡先 _____

臓器提供や献体についての思いがあれば書きましょう。

葬儀について

GUIDE **22~23** ページ

● 「こんなふうに送られたらうれしい」という思いを軸に書きましょう。
　家族にとって葬儀の指針が決まって助けになります。
● あまりに細かい注文は、残された家族の負担になることも。

記入日

　　　　年　　　月　　　日

✐ 葬儀の規模について

☐ 多くの人に知らせて、盛大に行ってほしい

☐ 親戚や親しい人に知らせて、小規模に行ってほしい

☐ 家族や近しい親戚だけで、ごくこじんまりと行ってほしい（家族葬）

☐ 家族にまかせる

☐ 葬儀は行わなくてもいい

> 「なぜそう思うか」を書いておきましょう。

✐ 葬儀の形式について

☐ 仏式　　　☐ キリスト教式　　　☐ 神式　　　☐ 無宗教葬

☐ その他

☐ 家族にまかせる

☐ 菩提寺や所属の教会、神社などがある

名称

所在地

連絡先

✐ 葬儀社について

☐ 葬儀の生前予約をしている

業者名　　　　　　　　　　　担当者名　　　　　　　連絡先

契約書類の保管場所

☐ 互助会に加入している

業者名　　　　　　　　　　　担当者名　　　　　　　連絡先

契約書類の保管場所

☐ たのみたい葬儀社がある・会員になっている

業者名　　　　　　　　　　　担当者名　　　　　　　連絡先

☐ 家族にまかせる

🖊 喪主をお願いしたい人

名前 _____ 続柄 _____ 連絡先 _____
　　　　　　　　　　　　関係

☐ 本人に了承を得ている　　　☐ 了承を得ていない

🖊 葬儀の費用について

☐ 預貯金や保険金・共済金など、私の財産を使ってほしい

☐ 葬儀保険（共済）に加入している

会社名と商品名 _____ 連絡先 _____

保険証書の保管場所 _____

☐ 互助会の積立金をあててほしい

☐ とくに用意していない

🖊 戒名（仏名・法名・法号）について

☐ 戒名をつけてほしい

☐ 費用はかかっても、格の高い戒名をつけてほしい

☐ 戒名はつけなくていい

☐ 家族にまかせる

☐ すでに戒名を授かっている

戒名 _____ 連絡先 _____

🖊 葬儀会場について

☐ 希望がある　　施設名 _____ 連絡先 _____

☐ 家族にまかせる

🖊 遺影について

☐ 用意してある　　保管場所 _____

☐ 家族にまかせる

納棺時に着せてほしい服装や、いっしょに納棺してほしいもの、祭壇に飾ってほしい花など、
葬儀にまつわる希望があれば書いておきましょう。

....

....

....

....

....

生前予約や互助会の関係書類は、コピーをこのページにはさむか、添付しておくのがおすすめです。

お墓・埋葬について ▶▶▶

- ● お墓を継ぐ人（承継者）はいますか？
- ● 代々受け継がれるタイプのお墓の場合は、承継者を考えておきましょう。
- ● 子がいない人、ひとり身の人は「死後事務委任契約」を考えてみては？

記入日 　　　年　　　月　　　日

すでにお墓がある場合

- ☐ 先祖代々の墓　または☐生前に購入した墓に埋葬してほしい

霊園名・墓地名 ＿＿＿＿＿＿＿＿　　契約者名 ＿＿＿＿＿＿＿＿

所在地と区画番号 ＿＿＿＿＿＿＿＿

寺院名や管理会社 ＿＿＿＿＿＿＿＿　　連絡先 ＿＿＿＿＿＿＿＿

- ☐ 継いでほしい人がいる　名前 ＿＿＿＿＿　連絡先 ＿＿＿＿＿
  - ☐ 継ぐ人がいない
  - ☐ 永代供養にしてほしい
  - ☐ 私の代までで墓じまい、または改葬をしてかまわない
  - ☐ 家族にまかせる
- ☐ 先祖代々の墓以外のところに埋葬してほしい　※下の「お墓がない場合」へ
- ☐ 分骨してほしい
- ☐ 家族にまかせる

> 分骨して一部を故郷のお墓に、一部を家族の手元供養で……など、具体的な希望があれば書いておきましょう。

お墓がない場合

- ☐ 新たに購入してほしい
  - ☐ 一般的な墓（継承墓）　☐ 永代供養墓　☐ 納骨堂　☐ 樹木葬墓地
  - ☐ その他 ＿＿＿＿＿＿＿＿
- ☐ 散骨してほしい
  - ☐ 希望する場所がある ＿＿＿＿＿＿＿＿
- ☐ 手元供養してほしい
- ☐ 分骨してほしい
- ☐ 家族にまかせる

> 埋葬してほしい形式や場所など、具体的な希望を書いておきましょう。

✎ 埋葬の費用について

- ☐ 預貯金など、私の財産を使ってほしい
- ☐ 保険金や共済金などで工面してほしい
- ☐ とくに用意していない

埋葬用のお金や費用について、思うところがあれば書いておきましょう。

✎ 仏壇について

- ☐ 代々の仏壇を使ってほしい
- ☐ 新たに用意してほしい
- ☐ 必要ない
- ☐ 家族にまかせる

✎ 死後事務委任契約について

- ☐ 契約している （ ☐ 公正証書がある　☐ 契約書がある ）

公正証書番号		年　第	号		公証役場
契約書の作成日	年	月	日	契約書の保管場所	
受任者（引受人）	名前				続柄・関係
	職業				
	住所				連絡先

- ☐ 契約していない（必要ない）

死後事務委任契約について備考があれば書いておきましょう。

お墓・埋葬にまつわる希望があれば書いておきましょう。

 死後事務委任契約の書類は、コピーをこのページにはさむか、添付しておくのがおすすめです。

ペットについて

GUIDE
44ページ

● 里親のもとでペットが幸せに暮らせるよう準備するページです。
● できるだけすべての欄を埋めるよう努めましょう。
● ペットが複数いるときはコピーに書き入れ、添付しましょう。

記入日

　　　年　　　月　　　日

私のペットのこと

名前	年齢か飼育年数	性別	種類

血統書 ☐ なし ☐ あり　保管場所　　　　　　　　　　　　登録番号

いつものごはん（銘柄）	好きな食べ物	与えてはいけない食べ物
散歩の頻度	飼育場所・環境	
持病	今までにかかった病気やケガ	
薬	ワクチン	
アレルギー	去勢手術や避妊手術　☐ した　☐ していない	

性格や好きな遊び

かかりつけの動物病院・ペット保険について

病院名	住所	電話番号
保険会社	連絡先	保険証の保管場所

行きつけのトリミングサロン・しつけ教室

サロン名・教室名	住所	電話番号
サロン名・教室名	住所	電話番号

里親をお願いしたい人・施設

名前	続柄・関係	承諾の有無 ☐ あり ☐ なし
住所	連絡先	

依頼の方法 ☐ 負担付き死因贈与契約　☐ 遺言による負担付き遺贈　☐ その他（　　　　　　　　　　）

契約書等の保管場所

いつからお願いするかなど、取り決めたことを書いておきましょう。

part

3

お金のこと

―財産と相続について―

どんな財産がどのくらいあるのか。

お金と資産の全体を把握し、

徐々に整理や家族に残すための

算段を始めてみましょう。

預貯金 について

GUIDE
34~37
ページ

● 通帳や印鑑の保管場所のヒントも書いておきましょう。
● 通帳のないネット銀行口座は、とくに漏れなく記載を。
● 暗証番号やネット銀行のパスワードは、専用のメモ帳に書きましょう。
● 子ども名義、孫名義などの預貯金は早めに対処しましょう。

記入日
年　　　月　　　日

記入例

金融機関名	AB銀行	支店名・店番号	駅前支店・695	預貯金の種類	(普通)・ 定期・その他
口座番号	1234567	名義人	学研太郎		
ウェブ用ID	11AB1AB	備考	年金振込口座、生活費のメイン口座 ※台所の茶箪笥		

メインバンク

金融機関名		支店名・店番号		預貯金の種類	普通・定期・その他
口座番号		名義人			
ウェブ用ID		備考			

金融機関名		支店名・店番号		預貯金の種類	普通・定期・その他
口座番号		名義人			
ウェブ用ID		備考			

金融機関名		支店名・店番号		預貯金の種類	普通・定期・その他
口座番号		名義人			
ウェブ用ID		備考			

金融機関名		支店名・店番号		預貯金の種類	普通・定期・その他
口座番号		名義人			
ウェブ用ID		備考			

口座引き落としの情報 ▶▶▶

GUIDE
34~37
ページ

● 死亡が確認されると金融機関の口座は凍結され、引き落としができなくなります。ご家族は早めの変更手続きを。
● クレジットカードでの定期払いも忘れずに記入しましょう。

記入日

年　　月　　日

内容	金融機関・支店名	口座番号	引き落とし日	備考
電気料金			毎月　　日	
ガス料金			毎月　　日	
水道料金			毎月　　日	
電話料金			毎月　　日	
携帯電話料金			毎月　　日	
インターネット接続料金			毎月　　日	
NHK受信料			毎月　　日	
新聞購読料			毎月　　日	
保険料（　　　　）			毎月　　日	
保険料（　　　　）			毎月　　日	
クレジットカードでの支払い			毎月　　日	
			毎月　　日	
			毎月　　日	
			毎月　　日	
			毎月　　日	
			毎月　　日	
			毎月　　日	

金融機関名	支店名・店番号	預貯金の種類 普通・定期・その他
口座番号	名義人	
ウェブ用ID	備考	

金融機関名	支店名・店番号	預貯金の種類 普通・定期・その他
口座番号	名義人	
ウェブ用ID	備考	

有価証券 について

GUIDE 34~37 ページ

● 株式、債券、投資信託、国債などがこれにあたります。
● 株取引はあなた以外の家族が知らないことも多いもの。
　漏れなく記載するようにしましょう。ネット証券口座もお忘れなく。

記入日　　　年　　　月　　　日

✎ 証券口座

銘柄や名称	名義人

金融機関名	取扱店名	口座番号

ウェブ用ID	担当者名や備考

銘柄や名称	名義人

金融機関名	取扱店名	口座番号

ウェブ用ID	担当者名や備考

銘柄や名称	名義人

金融機関名	取扱店名	口座番号

ウェブ用ID	担当者名や備考

銘柄や名称	名義人

金融機関名	取扱店名	口座番号

ウェブ用ID	担当者名や備考

✎ その他の金融資産・純金積立、勤務先の従業員持株会など

資産の種類や名称	名義人	取扱会社	連絡先・備考

不動産について

GUIDE 34〜37ページ

- 一戸建ては土地と建物を分けて記入します。
- 「用途」の欄には自宅・別荘・賃貸など、不動産の使い道を。
- 毎年届く固定資産税の「課税明細」にも情報は載っています。
- 自宅前の私道なども、持分情報を漏れなく記載しましょう。

記入日　　　年　　月　　日

種類	□ 土地　□ 建物　□ マンション・アパート　□ 田畑　□ その他（　　　　　　　）
用途	□ 自宅　□ 別荘　□ 賃貸　□ その他（　　　　　　　）
名義人と持ち分	名前　　　　　　（　　　）％　　名前　　　　　　（　　　）％　　名前　　　　　　（　　　）％
所在地	面積
抵当権	□ 設定あり　□ 設定なし　備考

種類	□ 土地　□ 建物　□ マンション・アパート　□ 田畑　□ その他（　　　　　　　）
用途	□ 自宅　□ 別荘　□ 賃貸　□ その他（　　　　　　　）
名義人と持ち分	名前　　　　　　（　　　）％　　名前　　　　　　（　　　）％　　名前　　　　　　（　　　）％
所在地	面積
抵当権	□ 設定あり　□ 設定なし　備考

種類	□ 土地　□ 建物　□ マンション・アパート　□ 田畑　□ その他（　　　　　　　）
用途	□ 自宅　□ 別荘　□ 賃貸　□ その他（　　　　　　　）
名義人と持ち分	名前　　　　　　（　　　）％　　名前　　　　　　（　　　）％　　名前　　　　　　（　　　）％
所在地	面積
抵当権	□ 設定あり　□ 設定なし　備考

種類	□ 土地　□ 建物　□ マンション・アパート　□ 田畑　□ その他（　　　　　　　）
用途	□ 自宅　□ 別荘　□ 賃貸　□ その他（　　　　　　　）
名義人と持ち分	名前　　　　　　（　　　）％　　名前　　　　　　（　　　）％　　名前　　　　　　（　　　）％
所在地	面積
抵当権	□ 設定あり　□ 設定なし　備考

part 3 お金のこと

有価証券について／不動産について

 課税されていない不動産についての情報は、住所地の自治体役場の名寄帳でわかります。

その他の動産・資産について▶▶▶

● 美術品や書画骨董品、貴金属類、宝飾品、ゴルフ会員権、自動車などの
　資産情報を記入しましょう。
● コレクションや思い出の品はP.27に書く欄があります。

記入日
　　　　年　　　月　　　日

その他の資産

名称や内容	購入時の金額	保管場所	備考
	約　　　　円		
	約　　　　円		
	約　　　　円		
	約　　　　円		
	約　　　　円		

貸金庫・レンタル倉庫など

契約会社	連絡先	場所	保管しているもの	備考

貸しているお金（貸付金）

貸した相手の名前	連絡先

貸した日	貸した金額	証書の有無　　　保管場所
	円	□ あり　□ なし

残債（未返済の金額）
　　　　円　　　　年　　　月　　　日現在

備考（返済方法や
返済期限、貸付理由など）

貸した相手の名前	連絡先

貸した日	貸した金額	証書の有無　　　保管場所
	円	□ あり　□ なし

残債（未返済の金額）
　　　　円　　　　年　　　月　　　日現在

備考（返済方法や
返済期限、貸付理由など）

● 負の遺産も相続の対象となります。
　家族は相続放棄を考えることもできるので、負債は明らかにしておきましょう。
● 借用書や連帯保証の証書は、保管場所を書くのを忘れずに。

記入日
　　　年　　　月　　　日

✎ 借入金

借入先	連絡先	借入額
		円　　　年　　　月　　　日

返済口座・金融機関	返済方法	借入残高
		円　　　年　　　月　　　日現在

担保	保証人	借用書
□ あり　□ なし	□ あり(名前　　　　　　) □ なし	□ あり(保管場所　　　　　　) □ なし

備考

✎ ローン

ローンの種類　□ 住宅　□ 自動車　□ 教育　□ カード　□ その他(　　　　　　　)

借入先	連絡先	借入額
		円　　　年　　　月　　　日

返済口座・金融機関	返済方法	借入残高
		円　　　年　　　月　　　日現在

担保	保証人	返済方法・毎月の返済日など
□ あり　□ なし	□ あり(名前　　　　　　) □ なし	

備考

ローンの種類　□ 住宅　□ 自動車　□ 教育　□ カード　□ その他(　　　　　　　)

借入先	連絡先	借入額
		円　　　年　　　月　　　日

返済口座・金融機関	返済方法	借入残高
		円　　　年　　　月　　　日現在

担保	保証人	返済方法・毎月の返済日など
□ あり　□ なし	□ あり(名前　　　　　　) □ なし	

備考

✎ 保証債務 （借金の保証人など）

保証人になった日	保証した金額
年　　　月　　　日	円

主債権者（お金を借り、私が保証した人）と連絡先	債務者（お金を貸した人）と連絡先

備考（証書の保管場所など）

カード（クレジット・電子マネー）の情報

▶▶▶ GUIDE 34~37 ページ

● しっかり書いておくと、カードの紛失時にも役立ちます。
● ポイントカードにクレジット機能がついているものや、
　普段使っていないカードも忘れずに記入しましょう。

記入日　　　年　　月　　日

✎ クレジットカード

ブランド	発行会社	カード番号
		- -
紛失時の連絡先	ウェブ用ID	有効期限

ブランド	発行会社	カード番号
		- -
紛失時の連絡先	ウェブ用ID	有効期限

ブランド	発行会社	カード番号
		- -
紛失時の連絡先	ウェブ用ID	有効期限

ブランド	発行会社	カード番号
		- -
紛失時の連絡先	ウェブ用ID	有効期限

ブランド	発行会社	カード番号
		- -
紛失時の連絡先	ウェブ用ID	有効期限

✎ 電子マネー・プリペイドカード　　※カードがないタイプの電子決済機能は P.36 に書きましょう

カード名・電子決済名	番号	紛失時の連絡先	備考
記入例　Suica	JE000 0000 0000 0000	0120-00-0000	ウェブ連携で管理

大切なものについて

▶▶▶ GUIDE 34〜37 ページ

- 品にまつわる思いなども書き添えておくといいでしょう。
- 処分方法の欄には、譲りたい相手や、寄付してほしい先などの希望を。
  ただし、一方的に贈るのは相手の迷惑になるかもしれません。
  相手の内諾を得ておくか、「死因贈与契約」を交わしておくといいでしょう。

記入日　　　年　　月　　日

品の名前や種類	保管場所
希望する処分方法	品にまつわる思い

品の名前や種類	保管場所
希望する処分方法	品にまつわる思い

品の名前や種類	保管場所
希望する処分方法	品にまつわる思い

品の名前や種類	保管場所
希望する処分方法	品にまつわる思い

品の名前や種類	保管場所
希望する処分方法	品にまつわる思い

品の名前や種類	保管場所
希望する処分方法	品にまつわる思い

品の名前や種類	保管場所
希望する処分方法	品にまつわる思い

品の名前や種類	保管場所
希望する処分方法	品にまつわる思い

保険 について

▶▶▶  GUIDE 38〜39 ページ

- ● 生命保険や医療保険、損害保険（自動車・火災）などの内容を書きましょう。
  保険証書の保管場所も忘れず記載を。
- ● 養老型保険や個人年金保険も書きましょう。

記入日　　　年　　月　　日

記入例

保険会社名	保険の種類や商品名	主にどんなときに請求できるか	
ジャパン生命	安心総合コース	病気やケガによる死亡・入院	
契約者名	被保険者名(誰・何にかけているか)	受取人	証券番号
日本太郎	日本太郎	日本花子	A 1234-5678
保険期間		保険料	連絡先(担当者)
20XX 年 4 月 1 日〜 20XX 年 3 月 31 日		3500 円／月	0120-123-456 （学研さん）
内容(保険金額や特約など)		備考	
死亡時 1000 万円　医療特約（入院）1 万円／日		書斎の一番下の引き出しを見てください	

保険会社名	保険の種類や商品名	主にどんなときに請求できるか	
契約者名	被保険者名(誰・何にかけているか)	受取人	証券番号
保険期間		保険料	連絡先(担当者)
内容(保険金額や特約など)		備考	

保険会社名	保険の種類や商品名	主にどんなときに請求できるか	
契約者名	被保険者名(誰・何にかけているか)	受取人	証券番号
保険期間		保険料	連絡先(担当者)
内容(保険金額や特約など)		備考	

保険会社名	保険の種類や商品名	主にどんなときに請求できるか	
契約者名	被保険者名(誰・何にかけているか)	受取人	証券番号
保険期間		保険料	連絡先(担当者)
内容(保険金額や特約など)		備考	

年金について

● 公的年金は、過去に加入していた年金もチェックします。
● 私的年金の欄には、企業年金（企業年金基金、厚生年金基金など）や
　確定拠出年金、財形年金などの個人年金も忘れずに書いておきましょう。

記入日

　　年　　　月　　　日

公的年金

基礎年金番号	加入したことのある年金
	☐ 国民年金（自営業、専業主婦など）
年金コード（年金をもらっている人）	☐ 厚生年金（会社員等）☐ 共済年金（公務員等）
	☐ その他（国民年金基金など）

私的年金

名称	連絡先	備考

保険会社名	保険の種類や商品名	主にどんなときに請求できるか	
契約者名	被保険者名(誰・何にかけているか)	受取人	証券番号
保険期間		保険料　　　連絡先(担当者)	
内容(保険金額や特約など)		備考	

保険会社名	保険の種類や商品名	主にどんなときに請求できるか	
契約者名	被保険者名(誰・何にかけているか)	受取人	証券番号
保険期間		保険料　　　連絡先(担当者)	
内容(保険金額や特約など)		備考	

法定相続人がわかる家系図

● 家系図を作ることで、あなたの法定相続人を知ることができます。

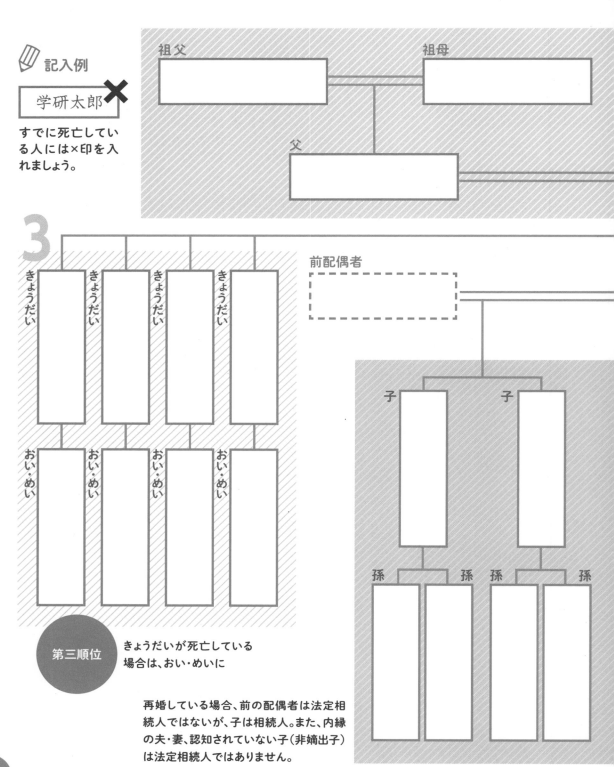

記入例

学研太郎 ✕

すでに死亡している人には✕印を入れましょう。

祖父

祖母

父

3

きょうだい
きょうだい
きょうだい
きょうだい

前配偶者

おい・めい
おい・めい
おい・めい
おい・めい

子
子

孫
孫
孫
孫

第三順位　きょうだいが死亡している場合は、おい・めいに

再婚している場合、前の配偶者は法定相続人ではないが、子は相続人。また、内縁の夫・妻、認知されていない子（非嫡出子）は法定相続人ではありません。

記入日　　　年　　月　　日

第一順位が1人もいない場合は第二順位が、第一・第二順位が1人もいない場合は第三順位が相続人になります。

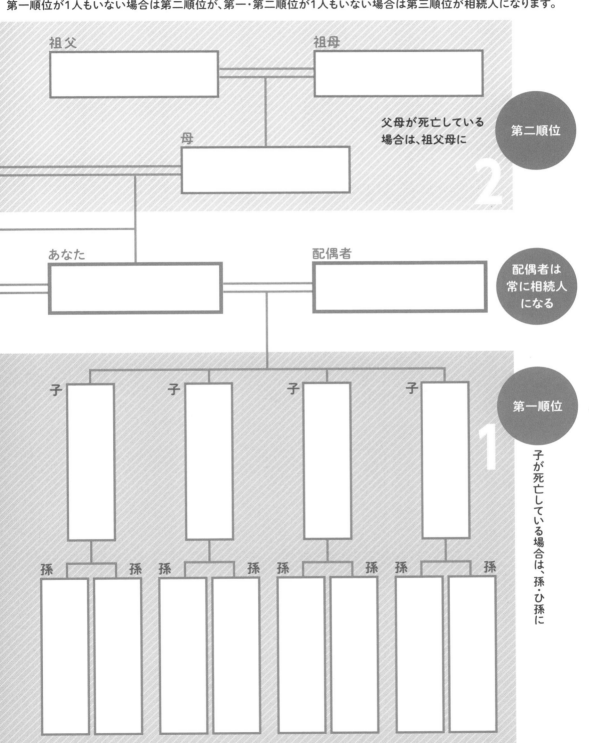

祖父

祖母

父母が死亡している
場合は、祖父母に

第二順位

2

母

あなた

配偶者

配偶者は
常に相続人
になる

子　　子　　子　　子

第一順位

1

子が死亡している場合は、孫・ひ孫に

孫　孫　孫　孫　孫　孫　孫　孫

part
3 お金のこと

法定相続人がわかる家系図

遺言について

GUIDE 28~31ページ

● 法定相続よりも、遺言による相続が優先されます。
● 遺言書を作成したら、必ずここに記入を。遺言書の存在を家族に知らせておかないと、あなたの希望が生きません。

記入日　　　　　年　　　月　　　日

遺言書の有無

☐ 遺言書を作成していない

☐ 遺言書を作成している

　　☐ 自筆証書遺言　　☐ 公正証書による遺言　　☐ その他（　　　　　　　　　　）

いちばん新しく遺言書を作成した日　　　年　　　月　　　日

保管場所

遺言の公正証書番号　　　年　第　　　　号　　　　　　　公証役場

遺言に託す思いなどを書いておきましょう。

遺言執行者（遺言内容を実現させるまとめ役）

名前

職業	続柄・関係
住所	連絡先

備考

依頼や相談をしている専門家

事務所名

名前	職業
住所	連絡先

備考

証書番号と作成公証役場名の情報があれば、公正証書は、再発行が可能です（手数料は必要）。

> このノートに希望を書いても、法的効力はありません。
> 遺言書を作成する前に、考えをまとめるための
> メモとして利用してください。

遺産相続の希望

財産名	相続させたい相手

相続させたい理由

財産名	相続させたい相手

相続させたい理由

財産名	相続させたい相手

相続させたい理由

財産名	相続させたい相手

相続させたい理由

財産名	相続させたい相手

相続させたい理由

財産名	相続させたい相手

相続させたい理由

財産名	相続させたい相手

相続させたい理由

財産名	相続させたい相手

相続させたい理由

財産名	相続させたい相手

相続させたい理由

part
3
お金のこと

遺言について

デジタル資産について ▶▶▶

GUIDE 40~43 ページ

● ネット金融資産はP.34やP.36に一括させましょう。
● パスワードはできればここに書かず、専用のメモ帳に記入しましょう。
● 家族がパソコンが苦手なら、極力、電話番号などの記載を。

記入日

　　　年　　　月　　　日

✎ パソコン・タブレット

メーカー・型番	ログイン時のパスワード

☐ 見てほしい データがある	フォルダ名
	場所
☐ 見ずに削除してほしい データがある	フォルダ名
	場所

メーカー・型番	ログイン時のパスワード

☐ 見てほしい データがある	フォルダ名
	場所
☐ 見ずに削除してほしい データがある	フォルダ名
	場所

ネット接続のプロバイダ名		連絡先
登録メール アドレス	会員 ID	パス ワード

ネット接続のプロバイダ名		連絡先
登録メール アドレス	会員 ID	パス ワード

✎ 外付けハードディスク・USBメモリなど外部記憶媒体

記憶媒体の見た目の特徴・メーカー名など	(あれば)ログイン時のパスワード

☐ 見てほしい データがある	フォルダ名
	場所
☐ 見ずに削除してほしい データがある	フォルダ名
	場所

✎ Googleドライブ・iCloudなどオンラインストレージ

名称	ログイン時のID	ログイン時のパスワード

☐ 見てほしい データがある	フォルダ名
	場所
☐ 見ずに削除してほしい データがある	フォルダ名
	場所

✏ スマートフォン・携帯電話

メーカー・型番		ロック解除のパスワード	

契約会社	連絡先	名義人

契約電話番号	メールアドレス

Apple ID、Googleアカウントなど	パスワード

スマホ内課金アプリや定額制（サブスクリプション）サービスの名称

	年額 ・ 月額	円
	年額 ・ 月額	円
	年額 ・ 月額	円
	年額 ・ 月額	円
	年額 ・ 月額	円

✏ 総合ITサービスのアカウント

☐ Googleアカウント　　☐ Apple ID　　☐ Microsoftアカウント　　☐ Amazonアカウント

☐ Yahoo! ID　　☐ その他（　　　　　　　　　　　　　　　　　　　　　　）

会員IDや登録メールアドレス	パスワード
会員IDや登録メールアドレス	パスワード
会員IDや登録メールアドレス	パスワード
会員IDや登録メールアドレス	パスワード

✏ 定額制（サブスクリプション）サービス・課金サービス

サービスの名称	会員IDや登録メールアドレス	パスワード

✏ ネットショッピング

ショッピングサイトの名称	会員IDや登録メールアドレス	パスワード

デジタル資産について

✏️ 出品中のフリマアプリやサイト

サービスの名称	会員IDや登録メールアドレス	パスワード

✏️ SNS（ソーシャル・ネットワーキング・サービス）

LINE	LINE ID	登録 電話番号
		パスワード
Twitter	ユーザー名	登録電話番号 またはメールアドレス
		パスワード
Facebook ☐ 追悼アカウントを希望	ユーザー名	登録電話番号 またはメールアドレス
		パスワード
Instagram ☐ 追悼アカウントを希望	ユーザー名	登録電話番号 またはメールアドレス
		パスワード
その他	ユーザー名	登録電話番号 またはメールアドレス
		パスワード

✏️ ブログやホームページ

ブログ名・ホームページ名		URL	
ID	登録メール アドレス		パス ワード

ブログ名・ホームページ名		URL	
ID	登録メール アドレス		パス ワード

✏️ 電子決済機能（PayPay、LINE Payなど）

電子決済名	登録電話番号やメールアドレス	パスワード

チャージ方法 ☐ **プリペイド式**　　☐ **オートチャージ式**（連携口座・カード　　　　　　　　　　）

電子決済名	登録電話番号やメールアドレス	パスワード

チャージ方法 ☐ **プリペイド式**　　☐ **オートチャージ式**（連携口座・カード　　　　　　　　　　）

電子決済名	登録電話番号やメールアドレス	パスワード

チャージ方法 ☐ **プリペイド式**　　☐ **オートチャージ式**（連携口座・カード　　　　　　　　　　）

part

4

私のこと

―経歴と大切な人―

あらためて半生を振り返ることで、

自分を見つめ直します。

また、あなたにとって大切な人への思いを確かめ、

余生へのはずみとしましょう。

私について

▶▶▶
GUIDE 46〜47 ページ

● 好みや性格、趣味嗜好などを書きましょう。
● 書いた内容は介護の場面などで大いに役立ちます。
● 葬送のときにも、家族が送り方のヒントにできます。

記入日　　　　年　　　月　　　日

好きなこと

好きな食べ物　　　　　　　　　　　苦手な食べ物

好きな飲み物　　　　　　　　　　　苦手な飲み物

好きな花　　　　　　　　　　　　　好きな色

好きな本　　　　　　　　　　　　　好きな歌・音楽

好きな映画　　　　　　　　　　　　好きなテレビ・ラジオ番組

好きな動物　　　　　　　　　　　　好きな場所

好きな著名人　　　　　　　　　　　好きな言葉・格言

その他、好きな（苦手な）もの・こと

趣味

特技

✎ 性格や習慣にしていること

性格

よく訪れる場所・施設、習慣としている行いなど

✎ 公的な証明書・身分を証明するもの

名称	記号・番号など	備考（保管場所など）
健康保険証		
介護保険証		
後期高齢者医療 被保険者証		
運転免許証		
マイナンバー		
パスポート		
印鑑・印鑑登録証		

私の歴史

GUIDE 46〜47 ページ

● 書いた内容は、介護の場面や葬送のときに役立ちます。
● くわしく思い出せないときは、おおよその経歴でかまいません。
● 職歴は年金の加入情報の確認にも役立ちます。

記入日　　　年　　月　　日

誕生の記録

誕生日時	名前の由来

身長	体重	生まれたところ

出生時のエピソードや、幼少期の思い出

学歴

学校名	備考・思い出など
期間　　　年　　月 〜　　　年　　月	
学校名	備考・思い出など
期間　　　年　　月 〜　　　年　　月	
学校名	備考・思い出など
期間　　　年　　月 〜　　　年　　月	
学校名	備考・思い出など
期間　　　年　　月 〜　　　年　　月	
学校名	備考・思い出など
期間　　　年　　月 〜　　　年　　月	
学校名	備考・思い出など
期間　　　年　　月 〜　　　年　　月	
学校名	備考・思い出など
期間　　　年　　月 〜　　　年　　月	

職歴

社名						仕事内容や実績など
期間	年	月 ～		年	月	
社名						仕事内容や実績など
期間	年	月 ～		年	月	
社名						仕事内容や実績など
期間	年	月 ～		年	月	
社名						仕事内容や実績など
期間	年	月 ～		年	月	
社名						仕事内容や実績など
期間	年	月 ～		年	月	
社名						仕事内容や実績など
期間	年	月 ～		年	月	

居住歴

住所や地名						エピソードや思い出など
期間	年	月 ～		年	月	
住所や地名						エピソードや思い出など
期間	年	月 ～		年	月	
住所や地名						エピソードや思い出など
期間	年	月 ～		年	月	
住所や地名						エピソードや思い出など
期間	年	月 ～		年	月	
住所や地名						エピソードや思い出など
期間	年	月 ～		年	月	
住所や地名						エピソードや思い出など
期間	年	月 ～		年	月	
住所や地名						エピソードや思い出など
期間	年	月 ～		年	月	

part **4** 私のこと

私の歴史

私の家族

GUIDE 46〜47 ページ

- 家族についての情報をまとめるページです。
- もしものときの連絡先としても役立ちます。
- 同居していない家族も書いておきましょう。

記入日　　　　年　　　月　　　日

フリガナ 名前	続柄	生年月日	血液型
		年　　月　　日	型

住所　〒

電話番号　　　　　　　　　　　携帯電話番号

メールアドレス（PC）　　　　　　メールアドレス（携帯）

勤務先／学校　　　　　　　　　連絡先

メモ

フリガナ 名前	続柄	生年月日	血液型
		年　　月　　日	型

住所　〒

電話番号　　　　　　　　　　　携帯電話番号

メールアドレス（PC）　　　　　　メールアドレス（携帯）

勤務先／学校　　　　　　　　　連絡先

メモ

フリガナ 名前	続柄	生年月日	血液型
		年　　月　　日	型

住所　〒

電話番号　　　　　　　　　　　携帯電話番号

メールアドレス（PC）　　　　　　メールアドレス（携帯）

勤務先／学校　　　　　　　　　連絡先

メモ

フリガナ 名前	続柄	生年月日	血液型
		年　　月　　日	型

住所　〒

電話番号	携帯電話番号
メールアドレス（PC）	メールアドレス（携帯）
勤務先／学校	連絡先

メモ

フリガナ 名前	続柄	生年月日	血液型
		年　　月　　日	型

住所　〒

電話番号	携帯電話番号
メールアドレス（PC）	メールアドレス（携帯）
勤務先／学校	連絡先

メモ

フリガナ 名前	続柄	生年月日	血液型
		年　　月　　日	型

住所　〒

電話番号	携帯電話番号
メールアドレス（PC）	メールアドレス（携帯）
勤務先／学校	連絡先

メモ

私の親戚

GUIDE 46〜47 ページ

- お付き合いのある親族についてまとめるページです。
- 家族がわかりやすいよう、あれば愛称も書き添えましょう。
- 「○○おじさんの息子」など、家族構成も書き添えるとベターです。

記入日　　　年　　　月　　　日

フリガナ 名前	呼び名・愛称	続柄

住所　〒　　　　　　　　　　　　　　　　電話番号

携帯電話番号　　　　　　　　　　　メールアドレス

もしものときの連絡　□ 入院　□ 危篤　□ 通夜・葬儀　□ 知らせない　□ その他

備考

フリガナ 名前	呼び名・愛称	続柄

住所　〒　　　　　　　　　　　　　　　　電話番号

携帯電話番号　　　　　　　　　　　メールアドレス

もしものときの連絡　□ 入院　□ 危篤　□ 通夜・葬儀　□ 知らせない　□ その他

備考

フリガナ 名前	呼び名・愛称	続柄

住所　〒　　　　　　　　　　　　　　　　電話番号

携帯電話番号　　　　　　　　　　　メールアドレス

もしものときの連絡　□ 入院　□ 危篤　□ 通夜・葬儀　□ 知らせない　□ その他

備考

フリガナ 名前	呼び名・愛称	続柄

住所　〒　　　　　　　　　　　　　　　　電話番号

携帯電話番号　　　　　　　　　　　メールアドレス

もしものときの連絡　□ 入院　□ 危篤　□ 通夜・葬儀　□ 知らせない　□ その他

備考

フリガナ	呼び名・愛称	続柄
名前		

住所　〒　　　　　　　　　　　　　　　　　　　　　　電話番号

携帯電話番号　　　　　　　　　　　　メールアドレス

もしものときの連絡　☐ 入院　　☐ 危篤　　☐ 通夜・葬儀　　☐ 知らせない　　☐ その他

備考

フリガナ	呼び名・愛称	続柄
名前		

住所　〒　　　　　　　　　　　　　　　　　　　　　　電話番号

携帯電話番号　　　　　　　　　　　　メールアドレス

もしものときの連絡　☐ 入院　　☐ 危篤　　☐ 通夜・葬儀　　☐ 知らせない　　☐ その他

備考

フリガナ	呼び名・愛称	続柄
名前		

住所　〒　　　　　　　　　　　　　　　　　　　　　　電話番号

携帯電話番号　　　　　　　　　　　　メールアドレス

もしものときの連絡　☐ 入院　　☐ 危篤　　☐ 通夜・葬儀　　☐ 知らせない　　☐ その他

備考

フリガナ	呼び名・愛称	続柄
名前		

住所　〒　　　　　　　　　　　　　　　　　　　　　　電話番号

携帯電話番号　　　　　　　　　　　　メールアドレス

もしものときの連絡　☐ 入院　　☐ 危篤　　☐ 通夜・葬儀　　☐ 知らせない　　☐ その他

備考

フリガナ	呼び名・愛称	続柄
名前		

住所　〒　　　　　　　　　　　　　　　　　　　　　　電話番号

携帯電話番号　　　　　　　　　　　　メールアドレス

もしものときの連絡　☐ 入院　　☐ 危篤　　☐ 通夜・葬儀　　☐ 知らせない　　☐ その他

備考

私の友人・知人

GUIDE 46〜47 ページ

- ● ニックネームなど、普段の呼び名も書き添えておきましょう。
- ● 関係の欄には「○○サークルの仲間」「高校時代からの親友」などを。
  もしものときに家族が連絡する目安になります。

記入日　　　年　　　月　　　日

フリガナ 名前	呼び名・アドレス帳登録名	関係

住所　〒　　　　　　　　　　　　　　　　　電話番号

携帯電話番号　　　　　　　　　メールアドレス

もしものときの連絡　☐ 入院　☐ 危篤　☐ 通夜・葬儀　☐ 知らせない　☐ その他

備考

フリガナ 名前	呼び名・アドレス帳登録名	関係

住所　〒　　　　　　　　　　　　　　　　　電話番号

携帯電話番号　　　　　　　　　メールアドレス

もしものときの連絡　☐ 入院　☐ 危篤　☐ 通夜・葬儀　☐ 知らせない　☐ その他

備考

フリガナ 名前	呼び名・アドレス帳登録名	関係

住所　〒　　　　　　　　　　　　　　　　　電話番号

携帯電話番号　　　　　　　　　メールアドレス

もしものときの連絡　☐ 入院　☐ 危篤　☐ 通夜・葬儀　☐ 知らせない　☐ その他

備考

フリガナ 名前	呼び名・アドレス帳登録名	関係

住所　〒　　　　　　　　　　　　　　　　　電話番号

携帯電話番号　　　　　　　　　メールアドレス

もしものときの連絡　☐ 入院　☐ 危篤　☐ 通夜・葬儀　☐ 知らせない　☐ その他

備考

フリガナ 名前	呼び名・アドレス帳登録名	関係

住所　〒　　　　　　　　　　　　　　　　　電話番号

携帯電話番号　　　　　　　　　メールアドレス

もしものときの連絡　☐ 入院　☐ 危篤　☐ 通夜・葬儀　☐ 知らせない　☐ その他

備考